RÉPONSE

AUX CALOMNIES

INSÉRÉES DANS LE JOURNAL DE L'EMPIRE

CONTRE

L'AUGUSTE FAMILLE DES BOURBONS.

IMPRIMERIE DE CHAIGNIEAU JEUNE.

RÉPONSE

AUX CALOMNIES

INSÉRÉES DANS LE JOURNAL DE L'EMPIRE;

DEPUIS LE RETOUR DE BONAPARTE

JUSQU'A SA RÉABDICATION,

CONTRE

L'AUGUSTE FAMILLE DES BOURBONS.

PAR M. GUILLOT,

AUTEUR DU JACOBINISME RÉFUTÉ.

Imposteurs effrontés, c'est par cette souplesse
Que j'ai vu tant de fois votre scélératesse
Jusque chez mes amis me chercher des censeurs ;
Et, des yeux les plus purs bravant le témoignage,
Défigurer mes traits et souiller mon visage
De vos propres noirceurs.

J.-B. ROUSSEAU.

PARIS,

Chez PÉLICIER et DELAUNAY, Palais-Royal ;
Et chez les Marchands de Nouveautés.

25 JUIN 1815.

RÉPONSE

AUX CALOMNIES

INSÉRÉES DANS LE JOURNAL DE L'EMPIRE,

DEPUIS LE RETOUR DE NAPOLÉON,

CONTRE

L'AUGUSTE FAMILLE DES BOURBONS.

Nous n'entreprendrons pas de faire le relevé de toutes les sottises dont les journaux nous ont étourdis depuis le 20 mars dernier, jusqu'à ce jour ; un trop gros volume serait le résultat de l'entreprise. Notre intention est seulement de signaler à nos lecteurs divers articles du *Journal de l'Empire*, que bien certainement MM. les rédacteurs ordinaires de cette feuille désavoueraient à l'instant si on le leur permettait, ou plutôt dont ils n'auraient jamais souffert la déshonorante insertion, si on les laissait libres de remplir, conformément à leurs principes, les cadres de leur journal. Des hommes dont la plume vénale ne sut jamais que se prostituer ; des hommes qui, pendant tout le cours de la révolution, ne furent eux-mêmes que les échos propagateurs des plus monstrueux systèmes, peuvent seuls avoir rédigé de semblables articles ; à moins toutefois, ce qui est encore plus vraisemblable, qu'ils ne soient les chefs-d'œuvre de quelques plats courtisans, de ces lâches adulateurs qui ne se faisant remarquer comme Démosthènes, ou comme certain comte de Saint-Jean-d'Angély, dans un jour de combat, que par la promptitude de leur fuite, tâchent au moins de capter par des phrases, plus ou moins vraies, mais toujours belles, la bienveillance de l'homme puissant qu'ils encensent.

Nous lisons, dans la feuille du 24 mars, un rapport détaillé du débarquement de Napoléon à Cannes; de son voyage de Cannes à Paris. C'est fort bien : l'article peut intéresser la curiosité ; mais qu'on commence par nous vouloir suggérer que le motif réel de la conduite de Napoléon était, en se présentant à main armée sur le territoire français, de faire recouvrer à la France et à l'armée française et ses droits et sa gloire, c'est le comble de la sottise et du ridicule. La France, depuis la révolution de quatre-vingt-neuf, n'avait, en aucun temps, joui plus amplement de ses droits, que depuis le rétablissement des Bourbons ; l'armée inattaquable dans sa gloire jouissait paisiblement à l'ombre de ses lauriers, du résultat de ses travaux : ainsi l'entreprise de Napoléon avait un autre but ; mais quel était ce but ? Comme ce n'est le secret de personne, puisque le *Journal de l'Empire* nous l'annonce, nous pouvons le dire sans nous compromettre, ce but était uniquement *de rétablir le trône impérial, ... et de faire disparaître ce trône royal, que le peuple,* a-t-on le front de nous dire, *avait proscrit, comme*

*ne garantissant que les intérêts d'un petit nombre d'in-
dividus.*

Nous n'examinerons point si le récit est vrai ou faux dans tous ses détails ; nous nous contenterons seulement d'observer que, si vraiment les Greno-blois ont montré, dans l'accueil qu'ils ont fait à Napoléon, tout l'enthousiasme qu'on suppose, ils n'en avaient pas moins montré quelques mois auparavant, lorsqu'ils accueillirent dans leurs murs la personne de *Monsieur*, frère du Roi. Les cris : *à bas les Bourbons !* qu'on attribue à la population de tout le département, sont exagérés, nous en sommes moralement sûrs ; et pour avoir une idée vraie de ce qu'on nomme la population de tout le départe-ment, substituez à la signification du mot popula-tion, celle du mot *populace*, et vous y serez.

Le 21, l'empereur a passé la revue de toutes les troupes qui composaient l'armée de Paris. Après la revue : *Soldats*, a dit l'empereur, *je suis venu parce que je comptais sur l'amour du peuple, et sur le sou-venir des vieux soldats...... Le trône des Bourbons était illégitime, puisqu'il avait été relevé par des mains étrangères,* (j'en demande très-humblement pardon à S. M. l'empereur, mais ce qu'elle avance ici n'est pas vrai), *puisqu'il avait été proscrit par le vœu de la nation.* On dit très-bien proscrire un tyran, on pros-crivait aussi, dans l'ancien temps, le bouc émis-saire ; mais dire *proscrire un trône* paraît une drôlerie. Ce ne sont pas des mains étrangères qui ont relevé le trône des Bourbons ; le vœu unanime des Français rappelait depuis long-temps ces augustes victimes de nos égaremens révolutionnaires , et de la politique ambitieuse d'un usurpateur ; ces illustres exilés se sont rendus à nos sollicitations , ils sont venus , nos propres mains ont relevé leur trône , et c'est au milieu des applaudissemens de toute la France que Louis XVIII y est monté.

Soldats , nous allons marcher pour chasser du territoire ces princes auxiliaires de l'étranger.

C'est à ses soldats que Napoléon s'adresse , rien d'étonnant ; les soldats seuls de Napoléon sont capables de tourner leurs armes contre des princes français , qui ne sont point les auxiliaires de l'étranger , comme il le dit , puisqu'ils ont eu selon Bonaparte lui-même , les étrangers pour auxiliaires ; mais qui sont les défenseurs-nés de la France , les seuls garans de sa gloire et de sa prospérité , et le canal exclusif , en quelque sorte , par lequel il est donné à la France de faire cesser son isolement , et de communiquer avec les autres nations de l'Europe.

Journal du 25 mars.

Le dernier gouvernement nous avait promis la liberté de la presse , et c'est l'empereur qui nous la donne.

Nous ne concevons pas comment il est possible d'insulter avec autant d'impudence à la crédulité de la nation française. C'est l'empereur qui nous donne la liberté de la presse ! Et avant qu'il soit quinze jours nous apprendrons que les rédacteurs du journal intitulé , le *Censeur* , auront à réclamer contre le gouvernement de Napoléon , pour empêcher que le cinquième numéro de leur journal *ne* soit mis au pilon ! Et avant qu'il soit un mois, nous apprendons l'arrestation de l'imprimeur Dentu, et celle du frère de M. de Kergoley, parce qu'on n'a pu atteindre M. de Kergoley lui-même, auteur d'un écrit dans lequel il ne fait qu'émettre, avec toute la modération possible, son opinion sur la légitimité de l'empereur Napoléon ! Et avant qu'il soit un mois et demi, nous apprendons que la police de Napoléon, sans s'inquiéter si ses mesures sont ou ne sont pas selon la justice, arrêtera la vente, ou bien s'appropriera les exemplaires d'ouvrages dont elle aura cependant permis l'impression. Car voici la marche du gouvernement de Napoléon à cet égard : Avez-vous des opinions, des idées dont vous veuillez faire part au public ? la presse étant libre, vous y recourez, c'est tout naturel. Seulement l'imprimeur sera tenu de faire à la police une déclaration préalable du titre de votre ouvrage ; sur cette simple déclaration, on lui délivre un récépissé, qui est pour lui comme un *permis d'imprimer.* On vous imprime sans que votre manuscrit ait été ni vu, ni examiné ; ensuite, quand vous avez fait tous les frais d'impression, avant que l'imprimeur vous puisse livrer vos exemplaires, il faut encore une autorisation de la police, qui, comme vous venez de le voir, vous a bien laissé toute la liberté d'imprimer, et d'imprimer tout ce que vous avez voulu ; mais qui est aussi la maîtresse ensuite de s'emparer de tous vos exemplaires, si bon lui semble, sans vous laisser ni la liberté ni les moyens de justifier par-devant les tribunaux, comme cela doit être, les opinions plus ou moins justes que vous avez voulu publier.

Tels sont, en France, les tours d'Escobar que joue tous les jours le gouvernement impérial à ceux qui ont la bonhommie de croire que, parce que l'empereur a décrété la liberté de la presse, on sera plus libre qu'auparavant de dire son opinion.

On ne tardera pas à savoir les mesures atroces qu'avaient proposées.... aux deux chambres des ministres dont la cruauté égalait la faiblesse.

Nous touchons au 16 juin, au moment où j'écris; dans huit jours il y aura trois mois que nous attendons pour savoir quelles sont ces mesures atroces. La crainte d'être démenti en a probablement fait suspendre la publication, d'où nous pouvons penser que celui-là n'a dit qu'un mensonge, qui a osé avancer que les ministres de Louis XVIII avaient proposé dans les deux chambres des *mesures atroces.*

Journal du 26 mars.

Décidé à rétablir les dominations de l'Europe dans les limites qu'elles avaient avant la révolution ; le cabinet des Tuileries eût voulu faire remonter même la civilisation vers ces temps effacés où l'on vivait sous l'influence de préjugés devenus ridicules.

Ce début, aussi bizarre qu'insignifiant, pour décrier les Bourbons, ne mériterait pas même d'être lu, s'il n'avait pour but d'insinuer les idées les plus fausses qu'il soit possible d'avoir du gouvernement de Louis XVIII. Je demande comment il était possible à un roi, qui, selon Bonaparte, n'était qu'un roi passif par rapport aux autres puissances de l'Europe, de rétablir les dominations de l'Europe dans leurs anciennes limites ? La chose était-elle en son pouvoir ? et supposé qu'elle eût encore été en son pouvoir, en a-t-il seulement jamais tenté l'exécution ? a-t-il jamais fait des démarches qui decélassent un semblable projet ? Il a fait des instances pour que le roi Joachim fut détrôné ; mais de bonne foi, le roi Joachim était-il un roi légitime ? L'on veut que Louis XVIII n'ait pas été un roi légitime, parce que, prétend-on, les étrangers nous l'ont imposé ; mais qu'on nous dise donc qui avait imposé Murat aux Napolitains, car bien certainement les Napolitains ne l'avaient pas demandé, et celui qui le leur avait imposé n'était pas Napolitain non plus. Au surplus, supposons pour un instant, que le cabinet des Tuileries ait eu tort de demander le renversement d'un Murat, est-ce à dire pour cela, qu'il fût *décidé à rétablir les dominations de l'Europe dans les limites qu'elles avaient avant la révolution ?*

Les vieilles idées d'un ministère et d'un prince, qui n'étaient pas à la hauteur de leur siècle, révoltaient toutes les classes de la société.

C'est encore un mensonge. Les idées du ministère, aussi bien que celles du prince, pour avoir été en partie les mêmes que celles de nos pères ; (dont le sort, au surplus, valait certainement bien le nôtre) n'étaient point au-dessous du siècle, elles ne révol

taient point, comme on ose le dire, toutes les classe
de la société. Sur vingt-cinq millions de Français,
vingt millions, au moins, se félicitaient du gouvernement doux et paternel des Bourbons ; et si dans
le reste de la population, il s'est trouvé des mécon-
tens capables d'oublier ce qu'ils se devaient à eux-
mêmes, ce qu'ils devaient à leurs concitoyens, et
qu'ils devaient à la France, et enfin ce qu'ils devaiens
à leur Roi, bien certainement ce n'est pas en parlant
de ce misérable cinquième de la population, qu'on
peut dire que le prince et ses ministres ont révolt
toutes les classes de la société. Quelques vieux bret-
teurs dans l'armée ; un certain nombre de jeunes
gens nouvellement décorés, et promus tout récemment, par Napoléon, à des grades qui leur laissaient
entrevoir dans la prolongation de la guerre, l'espoir
d'avancer encore prochainement ; des sabreurs,
dont le sang et le pillage sont l'unique élément, ont
bien pu, nous l'avouons, se récrier contre le gouvernement paisible de Louis XVIII, mais de bonne
foi, sont-ce là toutes les classes de la société ?

*Les administrateurs les plus éclairés étaient privés
des fonctions qu'ils avaient long-temps remplies avec
honneur. Ils étaient remplacés par des misérables,
dont les titres aux faveurs du prince étaient une insulte
à la nation....... Des cérémonies lugubres, et l'apparence factice des plus profonds regrets, appelaient
tous les jours le poignard sur des classes entières de
citoyens.*

Plusieurs passages de cet article nous paraissent
écrits avec tant de passion, dans un esprit de parti

si prononcé , qu'il serait impossible à l'homme le plus de sang-froid de ne pas mettre tant soit peu de fiel dans sa réponse, si pour ressource contre notre furieux adversaire , il n'avait toute la force du raisonnement. *Les administrateurs les plus éclairés étaient privés de leurs fonctions ;* mais certes , sans entrer dans ce que fut, pendant la révolution , la conduite de ces hommes que vous dites si éclairés , conduite qui peut justifier , non-seulement aux yeux des hommes , mais encore aux yeux de la nature , la manière dont Louis XVIII a traité ces administrateurs, était-ce pour le Roi une obligation , de ne s'entourer que des mêmes personnages qui, si long-temps , avaient été les ministres dévoués de Napoléon? Était-ce une obligation pour le Roi , de donner exclusivement sa confiance à des hommes dont le dévouement lui devait être d'autant plus suspect , qu'ils n'avaient adhéré , pour la plupart, que par crainte ou par intérêt, au décret qui prononçait la déchéance de Napoléon , et rendait aux vœux des Français Louis-Stanislas-Xavier? Non, bien certainement , vous ne le direz jamais. Vous prétendez qu'ils ont été *remplacés par des misérables, dont les titres aux faveurs du prince étaient une insulte à la nation.* Il est à croire que vous vous regarderiez comme insulté , si quelqu'un vous traitait de misérable vous-même , sur-tout , s'il n'avait à vous reprocher qu'une fermeté de principes à toute épreuve. Or , faites attention, je vous prie , que ces hommes que vous traitez si mal , et dont vous voulez que le mérite soit une insulte à la nation , n'ont contre eux que leur attachemeut fidèle et constant à la cause de Louis XVIII ; faites attention que leurs titres aux faveurs du prince , n'étaient pas plus une insulte pour la nation , que ne le sont aujourd'hui les titres du général Bertrand et autres , aux faveurs de Napoléon.

Des cérémonies lugubres , et l'apparence factice des plus profonds regrets , appelaient tous les jours le poignard sur des classes entières de citoyens. On conviendra que l'insensibilité farouche du plus outré jacobin , ne se peindra jamais mieux que dans le passage que nous venons de citer ; il n'est pas nécessaire que nous y répondions , nous signalerons seulement cet article à nos lecteurs , comme renfermant un trait de la plus raffinée calomnie.

L'or qu'on arrachait aux administrés , servait à payer des dettes contractées hors de la France , pour y provoquer des troubles. Si l'auteur de cet article eût daigné , dans ses inculpations , être une seule fois sincère , n'aurait-il pas dit aussi que cet or servait à payer une dette de presque deux millards , que Napoléon avait contractée pour rendre la France entière la proie des ennemis qu'il nous avait suscités?

Il ne manquait plus.... que de revenir sur la vente des biens nationaux : deux ministres en préparaient déjà les moyens. L'assertion est d'autant plus fausse , que ce n'était ni au Roi , ni à ses ministres , qu'il était possible de rendre révocable la vente des biens nationaux ; les acquéreurs de ces biens avaient pour garant de leur propriété et la parole du Roi , et la charte constitutionnelle , et les deux chambres dont l'autorité assurait l'exécution de la charte.

Tel était l'état de notre malheureuse France , quand le héros qui l'avait placée au premier rang parmi les nations , entendit les gémissemens de ses peuples , et forma le projet de lui rendre sa gloire. Qu'il fût d'accord ou non avec quelque autre prince de l'Europe (1), *pour nous délivrer d'un gouvernement déshonoré , il n'appela pas du moins de secours étrangers pour rentrer en France.*

Il est bien difficile , quand la passion s'est emparé d'un homme , que cet homme soit jamais sincère. Veut-il raisonner , c'est en vain que vous lui démontrez la fausseté des principes qu'il établit , il n'en tirera pas moins ses conséquences , il n'en persistera pas moins dans ses opinions , tout erronées qu'elles puissent être , et , semblable à ces énergumènes , qui , parce qu'ils ont vomi contre leur adversaire toutes les injures possibles , se flattent d'en avoir triomphé , il se retirera tout bouffi d'orgueil sans daigner rien entendre. Tel est , à ce qu'il nous paraît , l'auteur de l'article que nous réfutons. La France était malheureuse selon lui , elle avait perdu sa gloire , quand un prétendu *héros,* un soi-disant régénérateur , s'échappe avec une poignée de bandits polonais et autres , de l'île dans laquelle on l'avait confiné , prend terre sur les côtes de France , et pénètre à main armée dans l'intérieur du royaume; et cela pour nous délivrer , pour régénérer la France et lui rendre son ancien éclat ! Il n'est personne qu ne sente le ridicule d'une telle déclamation , il n'est personne qui n'en sente toute la forfanterie , parce que dans le fait, la France était avant le 1er mars 1815, aussi heureuse que pouvait le permettre la cicatrisation nécessairement imparfaite encore des plaies dont l'avait frappée l'empereur Napoléon avant son abdication ; elle était plus heureuse qu'elle ne l'avait été depuis vingt-cinq ans , qu'elle ne l'est aujourd'hui et qu'elle ne le sera jamais , tant qu'elle n'aura pour la gouverner , qu'un guerrier , un conquérant , un odieux dévastateur de toutes les provinces de l'Europe.

Flottante entre des menaces et des concessions , la cour suscita de vils folliculaires et des assassins contre celui que les vœux des peuples appelaient hautement.

Flottant entre des menaces et des concessions , Napoléon compte aussi dans son parti des folliculaires, que , par droit de représailles, j'appelerai *vils* aussi. Le moment n'est pas encore venu de dire au public qu'il a suscité , outre des assassins, encore des empoisonneurs , contre tous les souverains de l'Europe , sans en excepter même l'empereur d'Autriche : mais toute l'Europe le sait, on le sait en France , on le sait par-tout , et si l'on n'ose pas le dire publiquement à Paris , ce n'est pas qu'on l'ignore , ce n'est pas qu'on n'en ait la certitude, mais c'est qu'on craint , sous un gouvernement comme celui de Napoléon , de dire ce qui est ; on sait que plus d'une fois les écrivains sincères ont vu l'intérieur du château de Vincennes , ou les cachots de la Force ; on sait que plus d'une fois on les a fait

boire dans la même coupe que Socrate et que Fran-
çois II.

Bonaparte, arrivé à Lyon, *ne laissait plus de doute
aux Bourbons sur le sort qui les attendait ; aussi, dès
ce moment, toutes les mesures du gouvernement se
tournèrent vers la guerre civile.*

Il est un certain dégré de retenue au-delà duquel
il est bien évident que les hommes mettent bas tout
sentiment de honte et de pudeur; l'auteur du passage
que nous venons de citer , en est une preuve bien
évidente. Les Bourbons avoir cherché la guerre civile !!! Eux qui n'ont quitté la France que pour l'é-
viter ! Eux qui de l'aveu même des partisans de Napoléon, n'ont pas su se défendre et faire tête à leurs
ennemis , lorsqu'ils avaient deux millions d'hommes
pour défendre leur cause *(a)!*

*On ramassa dans Paris les gens sans aveu, qui vou-
lurent crier vive le roi! pour de l'argent.*

Calomnie encore. Le cri de *vive le roi!* fut le cri
de tout Paris , et certainement tout Paris ne fut pas
payé pour donner cette marque extérieure de son
attachement au roi. Quant à l'insolence avec laquelle
on traite de *gens sans aveu* tous ceux qui embras-
sèrent la cause du roi dans cet instant critique, il
nous suffirait de pouvoir nommer celui qui se l'est
permise , pour que tout ce qu'il y a de plus distin-
gué dans Paris , tirât vengeance d'une telle insulte ,

(a). Journal de l'Empire, du 23 mai 1815, avant-dernière co-
lonne, ligne 54.

si toutefois l'auteur est homme à mériter autre chose que le plus profond mépris.

Journal du 27 mars.

Le dernier gouvernement a publié , quelques jours avant sa chûte , une prétendue adresse des élèves de l'Ecole de Médecine, dont ils n'ont jamais eu connaissance. Ces jeunes gens ont été indignés qu'on se servît de leur nom pour outrager un grand homme.

Il est tellement vrai que les élèves de l'École de Médecine ont eu connaissance de l'adresse qu'ils avaient présentée au gouvernement royal , que cette adresse était revêtue des signatures d'un grand nombre d'élèves, qui attesteront encore aujourd'hui que leur vœu le plus ardent fut toujours pour le gouvernement paisible de Louis XVIII. Les journaux n'ayant jamais fait mention des élèves de l'école de Droit , dont les sentimens à l'égard du gouvernement impérial , sont bien connus , nous nous abstiendrons aussi de les calomnier.

Journal du 28 mars.

Adresse des ministres , (de Napoléon) à S. M. I.

...... La cause du peuple a triomphé , votre majesté est rendue au vœu des Français , elle a ressaisi les rênes de l'état , au milieu des bénédictions du peuple et de l'armée.

LL. EE. auraient parlé plus juste , en disant : *la cause des baïonnettes a triomphé , votre majesté est* venue malgré le *vœu des Français. Elle a* de nouveau usurpé le gouvernement *de l'état, au milieu des bé-nédictions*, il est peut-être vrai, d'une populace méprisable, *et* d'une troupe de soldats à-la-fois aveugles et parjures, mais au milieu aussi des malédictions de tous les gens de bien.

Les Bourbons n'ont rien su oublier ; leurs actions démentaient leurs paroles. Votre majesté tiendra la sienne.

Les Bourbons n'ont rien su oublier, et cependant ils ont laissé vivre tels... tels... tels... et encore tels individus qui, bien certainement, ne seraient pas aujourd'hui les ministres, les soutiens et les flatteurs de S. M. I., si les Bourbons n'eussent réellement mis en oubli la conduite de ces mêmes individus. *Leurs actions démentaient leurs paroles.* La fausseté de cette inculpation est démontrée par la seule existence de ceux qui la font. *Votre majesté tiendra la sienne.* Il faut l'espérer. A-peu-près comme elle l'a tenue en signant le traité de Fontainebleau, pour ne pas citer des exemples plus reculés ; à-peu-près comme elle la tiendra envers mesdames de Bourbon et d'Orléans, à qui elle va donner publiquement des cent mille francs de pension, pour les dépouiller ensuite secrètement de leur argenterie, de leurs meubles, de leurs effets, et leur enlever, dit-on, jusqu'au linge de leur garde-robe.

Adresse du Conseil-d'État.

Louis-Stanislas-Xavier data le premier acte de son autorité, de la 19ᵉ année de son règne........ Il accorda volontairement, et par le libre exercice de son autorité royale, une charte constitutionnelle, appelée ordonnance de réformation, et pour toute sanction, il la fit lire en présence d'un nouveau corps qu'il venait de créer, et d'une réunion de députés qui n'était pas libre, qui ne l'accepta point, dont aucun n'avait caractère pour consentir à ce changement.

Nous ne nous arrêterons pas à examiner si Louis XVIII a bien ou mal fait de dater ses actes de la 19ᵉ année de son règne, c'est un de ces riens auxquels se raccrochent ordinairement ceux qui ne peuvent faire mieux, et qui ne sauraient que répondre, s'ils n'avaient recours aux plus minces prétextes pour défendre leur cause. Messieurs les membres du conseil-d'état de Napoléon, disent que pour sanctionner la charte, le roi se contenta de la faire *lire en présence d'un nouveau corps qu'il venait de créer* ; nous vous demandons bien pardon *de la liberté grande*, messieurs les membres du conseil-d'état, mais vous nous permettrez d'observer que vous n'avez pas dit vrai à Napoléon. *La charte constitutionnelle fut lue*, cela est vrai, et très − naturel, il fallait qu'elle le fût pour être sanctionnée ; *devant un nouveau corps qu'il venait de créer*, cela est faux : ce n'est pas Louis XVIII qui a créé le corps législatif, il n'a fait que le convoquer. Il lui a créé une nouvelle dénomination, mais ce n'est pas là ce que vous avez voulu dire. *En présence...... d'une réunion de députés qui n'était pas libre* ; mensonge. *Qui ne l'accepta point* ; encore une fois mensonge ; et nous n'hésitons pas de dire que si jamais réunion des députés furent libres en France , ce furent celles qui eurent lieu sous Louis XVIII, tandis qu'au contraire, celles qui eurent lieu sous le premier gouvernement de Napoléon , furent presque toutes influencées dans leurs délibérations , par la crainte et la terreur qu'inspiraient à chaque membre de l'assemblée , le despotisme , l'humeur colère , le ressentiment et la tyrannie de Napoléon. Nous ne parlerons pas de la réunion du Champ-de-mai, où Napoléon s'est entouré d'une force armée nombreuse, composée de plus de trente mille baïonnettes , pour contenir quelques mille seulement d'électeurs , dont on savait bien que les délibérations , si on leur avait permis de délibérer, auraient offert d'autres résultats que ceux que Napoléon avait résolu d'obtenir. Aussi, toutes les mesures ont-elles été prises pour comprimer le premier des électeurs qui aurait été tenté de faire la moindre observation sur l'acte additionnel. On a commencé par leur donner à entendre qu'ils n'étaient point convoqués pour délibérer, encore bien moins pour vérifier l'authenticité des signatures de ceux qu'on disait avoir accepté l'acte additionnel ; mais seulement pour compter machinalement le nombre des votes affirmatifs , et entendre ensuite proclamer solennellement l'acceptation de l'acte additionnel. En voilà assez , je pense, pour faire juger de quel côté ont été la non-liberté et l'illégalité des réunions qui ont eu lieu sous Louis XVIII et sous Napoléon.

L'empereur revient régner par le seul principe de légitimité que la France ait reconnu depuis vingt-cinq ans, et auquel toutes les autorités s'étaient liées par

2

des sermens dont la volonté du peuple aurait pu seule les dégager.

Si la France a reconnu pour principe de légitimité la volonté du plus fort, le sabre et les baïonnettes de l'armée, il est certain que Napoléon est aujourd'hui notre légitime souverain. Mais il paraît que toutes les autorités, malgré leur serment, ne se sont pas crues liées aussi fortement à ce principe que semblent l'insinuer à l'empereur messieurs les membres du conseil d'état : car il n'est pas une autorité, il n'est pas même un seul signataire de l'adresse dont nous nous occupons, qui n'ait envoyé son adhésion à l'acte par lequel le sénat avait prononcé il y a un an la déchéance de Napoléon. Qu'on juge maintenant de la solidité des principes de messieurs les membres du conseil d'état de Napoléon.

Journal du 1.er avril.

On se rappelle, est-il dit dans la feuille de ce jour, qu'il y a un an les boulevards et les quais étaient tapisses de caricatures dégoûtantes ; on y insultait sans pudeur à l'infortune... Les évènemens miraculeux qui viennent de se passer n'ont pas vu se renouveler un pareil scandale ; la police n'a pas souffert qu'on exposât une seule gravure contre un pouvoir qui n'est plus.

La remarque, pour avoir été juste au 1.er avril, ne le serait certes guère aujourd'hui, sur-tout si l'on revenait nous dire que *la police n'a pas souffert qu'on exposât une seule gravure contre un pouvoir qui n'est plus.* La vérité est qu'en effet, sitôt après la chûte de Napoléon, on vit par-tout nombre de gravures aussi gaies, aussi plaisantes qu'originales ; et si quelqu'un aujourd'hui est capable de s'en formaliser, c'est bien le cas de lui dire : *honni soit qui mal y pense.* Quant à celles qui pouvaient outrager la décence, tout le monde sait que ceux qui se sont permis de les étaler ont été traduits en police correctionnelle par le ministère public. Mais qu'on vienne nous dire qu'on n'a pas vu se renouveler cette année un pareil scandale, c'est pour faire rire de pitié ; et tel qui voudra prendre la peine de vérifier le fait, aura certainement le droit de donner le démenti le plus formel à quiconque osera avancer qu'aujourd'hui nos boulevards et nos quais ne sont pas tapissés de caricatures (esprit de parti mis à part) encore plus dégoûtantes et bien moins spirituelles que celles de l'année passée : on y insulte à l'infortune avec toute la cruauté et toute l'irréligion possible. Et si elles sont en plus petit nombre que l'année passée, ce n'est pas que la police y mette plus d'obstacle ; au contraire : c'est qu'en général on est moins gai, on est beaucoup plus triste, beaucoup plus sombre et beaucoup plus taciturne qu'il y a un an.

Journal du 4 avril.

Circulaire du Ministre de la police générale à messieurs les Préfets.

Les principes de la police ont été subvertis ; ceux de la morale et de la justice n'ont pas toujours résisté à l'influence des passions. Tous les actes d'un gouverne-

ment né de la trahison ont dû porter l'empreinte de cette origine.

N'en déplaise à monsieur le ministre de la police générale ; mais son début dans sa circulaire à messieurs les préfets ne sera pas très-intelligible tant qu'on ne nous aura pas défini ce qu'on entend par le mot *police*. Entend-on par *police* cet ordre établi dans toutes les villes d'un état pour la sûreté générale des citoyens et la poursuite des malfaiteurs ? Mais, sous Louis XVIII comme sous Napoléon, les citoyens ont été protégés, les malfaiteurs poursuivis et traduits devant les tribunaux ; et alors il est faux de dire que *les principes de la police ont été subvertis.* Entend-on par police cette espèce de juridiction établie légalement pour connaître des délits plus ou moins graves, et prononcer l'application des peines portées par la loi contre les auteurs de ces délits ? Mais il est encore faux, dans ce sens, de dire que *les principes de la police ont été subvertis :* car les principes de la police sont la loi, et les tribunaux établis pour faire l'application de la loi. Or les mêmes lois et les mêmes tribunaux qui existaient sous Napoléon pour le maintien de l'ordre et la répression des délits, ont encore existé pendant tout le règne de Louis XVIII. Entend-on par police cette espèce de juridiction arbitraire donnée momentanément, au préjudice des juges naturels de l'accusé, tantôt à des militaires, tantôt à des hommes du civil, il est vrai, mais dont le dévouement à la personne et aux volontés du souverain est déjà éprouvé, connu, acheté, et payé d'avance ? Mais, alors, vive la sub-

version d'une telle police ! vive celui qui l'a renver-
sée ! et loin de nous quiconque voudrait tenter de
nous ramener à de tels principes !,

*Les principes de la morale et de la justice n'ont pas
toujours résiste à l'influences de passions.* D'abord il
sera toujours très-difficile , pour ne pas dire impossible, d'empêcher tout-à-fait l'influence des passions
sur les principes de la morale et de la justice; tant
que ce ne sera qu'à des hommes que l'on confiera
le soin de les défendre ; et bien certainement ce
n'est pas aux anges ni à la divinité que le gouvernement de Napoléon s'adressera pour nous garantir les
mêmes principes. Du reste , si l'on établissait un
parallèle entre l'année du règne de Louis XVIII, et
telle ou telle année du règne de Napoléon , je doute
bien que monsieur le ministre de la police générale
pût tirer de la comparaison de quoi justifier ce qu'il
avance.

*Tous les actes d'un gouvernement né de la trahison
ont dû porter l'empreinte de cette origine.* Loin de
nous la pensée que M. le duc d'Otrante ait
voulu insulter la nation entière , en attribuant à la
trahison le retour du gouvernement des Bourbons;
mais il est de fait que si c'est de la trahison que na-
quit le gouvernement royal, tous les Français sont
des traîtres : car tous les Français ont désiré, ont
demandé , ont sollicité même le rétablissement des
Bourbons; et *leur retour,* d'après l'aveu de M. Carnot lui-même, *produisit en France un enthousiasme
universel; les Bourbons furent accueillis avec une
effusion de cœur inexprimable; les anciens répu-*

blicains eux-mêmes partagèrent sincèrement les transports de la joie commune. Et certes, si c'est là de la trahison, qu'est-ce que nous appellerons donc désormais *vœu national?*

Je ne dirai pas que toutes les autres inculpations renfermées dans la circulaire de M. le duc d'O-trante sont fausses ou controuvées; mais on ne me fera pas un crime, je pense, d'oser dire qu'elles me paraissent avoir besoin de confirmation.

Journal du 6 avril.

Si le général Clausel n'a pas d'autres titres à la gloire des héros, que son expédition contre madame la duchesse d'Angoulême, il faut avouer que ses droits sont bien minces : n'eût-il contre lui que l'affreux courage avec lequel il a accepté et rempli la commission odieuse et flétrissante pour un Français, de chasser de sa terre natale la plus intéressante comme la plus malheureuse princesse qui fût jamais; de contraindre, même à coups de canon, l'infortunée fille de Louis XVI, cette victime que Robespierre épargna, que Napoléon lui-même épargnerait peut-être, à quitter un sol sur lequel elle n'avait un instant reparu que pour y trouver les souvenirs les plus déchirans, pour verser à chaque instant sur ce sol parricide les larmes les plus amères, des larmes de sang, Non, Clausel, tant d'inhumanité, tant de barbarie ne saurait s'excuser, c'est une tache ineffaçable à ta gloire militaire; et si tu ne rougis d'avoir pu forcer cette moderne amazone à t'opposer de la résistance, nous en rougissons; la France, l'Europe,

l'univers entier en rougiront pour toi. On ne conce-
vra jamais comment, avec une ame comme la tienne,
pure peut-être du sang de ton Roi, tu as pu, Clausel, chercher à tremper tes mains dans celui de sa
royale fille.

Je ne veux pas faire ici le relevé des injures dont
on a la bassesse de permettre en France la publication contre la plus sensible et la plus compatissante
fille de roi qui fût jamais. On est allé jusqu'à nous
représenter comme une Tisiphone celle qui, pendant tout son séjour au château d'Hartwel, se fit
constamment un devoir de pénétrer jusque dans les
bagnes et sur les pontons de l'Angleterre, pour administrer elle-même les secours dont avaient besoin
ceux de ses compatriotes que le sort des armes y
avait conduits et y retenait. On est allé jusqu'à la
dire *dédaigneuse* celle qui, pendant son court séjour
en France, se montra constamment la consolatrice
des malheureux, la bienfaitrice des infortunés, en
un mot, la tendre, la pieuse mère des pauvres.

Journal du 7 avril.

Les vociférations contenues dans la feuille du
7 avril, concernant M. Lainé et M. Lynch, sont trop
évidemment celles d'un énergumène possédé par le
démon de la haine et du ressentiment, pour mériter que nous y répondions.

Nous ferons seulement remarquer à nos lécteurs
quelques passages assez dignes de remarque dans
l'adresse du général Clausel aux Bordelais.

Napoléon, s'écrie-t-il, eût-il jamais pénétré dans

le sein de la France, si l'affection du peuple ne lui eût été acquise? s'il n'eût lu dans les cœurs de tous les Français, et trouvé dans leurs actions la preuve manifeste des vœux qu'ils avaient faits pour son retour?

Clausel craint sans doute qu'on n'attribue à d'autres causes qu'à notre amour pour Napoléon l'arrivée de cet homme trop fameux dans la capitale des Bourbons. Il fait bien de s'expliquer : car il est moralement sûr qu'on ne se serait jamais douté que la véritable cause du retour de Napoléon fût dans le cœur des Français.

Je l'ai vue, continue-t-il avec emphase, *je l'ai vue cette population immense de Paris accourir en foule au-devant du grand monarque, et le porter comme en triomphe dans son palais.*

Si le général Clausel ne convient pas qu'il en imposait aux Bordelais, c'est qu'il avait la berlue, et se faisait vraisemblablement illusion, quand il a cru voir cette *population immense* se porter au-devant de Napoléon. Le fait est que la nuit de son intrusion dans le palais de nos rois, une petite foule d'hommes ivres et de gens sans aveu escortait effectivement le char de Bonaparte ; mais quand on aura l'impudence de nous dire qu'*une immense population* est accourue au-devant de lui, nous ne craindrons pas d'en donner le démenti formel : car nous avons vu aussi, nous, quelle était la consternation de toute la capitale en apprenant qu'elle allait retomber sous la domination de fer de Bonaparte ; nous avons vu aussi, nous, combien Napoléon craignait au milieu même de la horde qui l'escortait ; combien il en-

rageait dans le fond de son ame de n'entendre que
la plus vile populace crier autour de lui *vive l'empereur !*

Journal du 9 avril.

On rapporte de prétendues lettres et pièces inter-
ceptées, dont quelques lettres de monseigneur le duc
à madame la duchesse d'Angoulême. L'insignifiance
de ces pièces et d'autres motifs nous font penser
que tout est supposé. Ceux qui les ont lues en juge-
ront comme nous.

Nous nous abstiendrons de faire aucune réflexion
sur le décret atroce qui remet en vigueur les lois
non moins atroces de la convention nationale contre
tous les membres de la famille des Bourbons. Nous
observerons seulement que, vu le cas très-possible
du rétablissement des Bourbons sur le trône de
France, un tel décret est au moins des plus impo-
litiques, s'il ne doit pas devenir funeste un jour à
la famille de celui qui l'a rendu.

Journal du 13 avril.

La lettre particulière du 8 avril, insérée dans la
feuille du 13, porte avec elle de trop nombreux ca-
ractères de partialité, pour que nous ne la regar-
dions pas comme supposée et faite à Paris, malgré
sa date de Bruxelles.

*Placée entre l'honneur de la France et la conserva-
tion de sa maison, la famille des Bourbons nous sa-
crifiait à ses intérêts particuliers : au lieu de nous faire
respecter au dehors, et de prendre l'attitude qui con-*

vient à un grand peuple, elle demandait pour toute grace au congrès, qu'on ne fît rien pour la France, pourvu qu'on replaçât les Bourbons sur le trône de Naples.

Nous pourrions par des faits et des raisonnemens combattre de semblables calomnies ; mais, sans adopter pour cela un point de comparaison qui serait odieux pour la saine portion de nos lecteurs, nous nous contenterons d'établir un point de rapprochement dans les expressions , et nous dirons aussi :

« Placée entre le bonheur de la France, et le réta-
« blissement ou le maintien de sa maison sur deux
« trônes de l'Europe, la famille des Bonaparte est ve-
« nue nous sacrifier *de nouveau* à ses intérêts parti-
« culiers. Au lieu de nous laisser en paix avec les
« puissances du dehors , et cicatriser les plaies
« dont elle nous avait frappés au dedans ; au lieu
« de laisser la France se remettre de ses malheurs
« passés, et renaître à cet état de prospérité inté-
« rieure dû à un peuple naturellement agricole,
« industrieux et manufacturier, à un peuple natu-
« rellement bon, sensible et ami de la paix ; la fa-
« mille des Bonaparte demandait qu'on n'eût au-
« cun égard au vœu de la majorité des Français,
« qu'on ne s'arrêtât point aux massacres affreux
« qu'il faudrait faire d'une moitié des habitans de
« l'Europe, pourvu qu'elle pût reconquérir des trô-
« nes et s'y asseoir.

*Des listes de proscription furent dressées, et l'arri-
vée rapide de l'empereur préserva seule une foule de*

citoyens dont la liberté et la vie étaient menacées.

Il est certain que la liberté et la vie de plusieurs mauvais citoyens devaient se trouver menacées lors de l'arrivée de Bonaparte ; et nous avouons que ce n'est peut-être qu'à l'arrivée subite de ce chef de parti, que plusieurs scélérats doivent la liberté et la vie dont ils jouissent indignement aujourd'hui. Mais si l'on fait réflexion que, sous les Bourbons il n'y a pas eu un seul conspirateur d'arrêté , pas un embaucheur de fusillé , pas un traître de puni, tandis qu'à peine Bonaparte est-il arrivé depuis deux jours, que déjà ses décrets condamnent à l'exil , à l'emprisonnement, à la confiscation de leurs biens , et même à la peine de mort tous ceux qui ont pris fait et cause pour leur roi , on conviendra que le gouvernement le plus cruel et le plus inhumain n'était certainement pas celui des Bourbons.

Journal du 17 avril.

L'esprit de bouleversement et de jacobinisme qui règne dans l'article inséré contre les Bourbons , dans la feuille de ce jour , décèle trop évidemment le courtisan de Bonaparte , pour que nous ayons besoin d'en chercher ailleurs que dans la clique l'éloquent mais enragé et perfide auteur. Un Regnault de Saint-Jean d'Angely pourrait bien avouer ce chef-d'œuvre , auquel nous ne répondrons qu'en suivant dans tous ses développemens , mais en sens contraire , la marche de ce nouveau Démosthène.

« Lorsque le besoin du repos fortement senti chez
« un peuple révolutionné a ramené ce peuple à ses

« anciennes institutions, une réforme dans les lois
« (de l'anarchie et du despotisme) et dans le gou-
« vernement est devenue nécessaire, une contre-
« révolution est inévitable. En vain la tyrannie ou
« l'ambition s'efforcent de lutter contre elle : vou-
« loir l'empêcher, c'est irriter la patience des peu-
« ples, c'est les forcer à réunir pour la dernière fois
« tous leurs efforts, afin d'anéantir et de faire dis-
« paraître du monde les anarchistes et les tyrans,
« éternels ennemis de leur repos et de leur tran-
« quillité.

« Heureux sans doute les peuples gouvernés par
« des hommes dont les principes et la conduite sont
« toujours en harmonie avec les besoins publics ;
« mais bien plus heureux eux-mêmes ces conduc-
« teurs des nations, lorsqu'au lieu de les fouler, de
« les écraser, ils favorisent l'industrie, le commerce
« et l'agriculture, et vont au-devant, si je puis m'ex-
« primer ainsi, de tout ce qui peut faire le bonheur
« des peuples et maintenir la tranquillité ! Ce soin
« est leur unique occupation ; s'ils le négligent, ils
« tombent écrasés sous la haine et la malédiction.

« De grands, de terribles souvenirs nous servent
« ici d'exemples : le tyran à jamais exécrable et
« depuis long-temps exécré de la France, les parti-
« sans de cet homme affreux, peuvent, tant qu'ils
« voudront, calomnier le gouvernement des Bour-
« bons : eux seuls en seront les coupables détrac-
« teurs ; leur tyrannie et leur insatiable soif de sang
« humain ont fait tout le mal. Ils n'avaient qu'à
« suivre la nation et lui laisser son bonheur, s'ils

« voulaient n'être pas réduits un jour à voir fondre
« sur elle, avec leurs armes, tous les peuples de
« l'Europe, qui, dans leur courroux et leur indi-
« gnation, confondront peut-être le Français inno-
« cent avec le Français coupable.

« Éclairée sur ses droits véritables, et rendue à
« elle-même, la France avait besoin de respirer à
« l'ombre d'une constitution libérale qui détruisait
« pour jamais l'arbitraire, établissait l'égalité entre
« tous les citoyens, et mettait sous la sauve-garde
« des lois la liberté et les propriétés de chacun.
« Tel était le besoin de la France, tel était son vœu;
« son vœu ne pouvait s'arrêter que là : la France
« ne pouvait être en paix avec les autres puissances
« de l'Europe, elle ne pouvait être heureuse, tran-
« quille et florissante, tant que ce vœu ne serait
« pas rempli.

« Alors avait fini de régner sur nous un étranger que
« la passion de la guerre et l'habitude de comman-
« der en maître absolu avaient rendu l'exécration
« de la nation. Bonaparte et ses féroces partisans se
« voyaient condamnés à des sacrifices trop pénibles,
« pour ne pas chercher de nouveau à troubler les
« peuples, à conquérir les nations, à détrôner les
« rois, afin de se mettre à leur place, et boire le
« sang du soldat. Il s'éleva donc une lutte à mort
« entre la tyrannie et la liberté. Le tyran peut
« défendre encore ses prétentions monstrueuses et
« son système de despotisme et de dévastation.
« Mais l'esprit contre-révolutionnaire le forcera
« bientôt à capituler de nouveau (1). Il pouvait être,

« il y a un an , absolu , entier comme le despote ;
« car il était tout-puissant ; cependant il accorda des
« conditions honorables. Trop étrangères à la per-
« fidie et à la fausseté, n'ayant pas encore éprouvé
« jusqu'à quel point on pouvait être hypocrite et
« avoir l'ame atroce, les puissances qui traitèrent
« avec lui ne sentirent pas le besoin d'écraser ,
« d'anéantir tout-à-fait cette nouvelle hydre de
« Lerne , ce nouveau Cacus. Au lieu de le précipiter
« tout vivant dans un gouffre , au lieu de le pro-
« scrire pour jamais , ou tout au moins de l'aller
« perdre parmi les coupables de la Sibérie ou de
« Botany-Bay, au risque de le voir se relever ; on lui
« fit grace, on lui laissa son titre et une couronne.

« Ses partisans, séparés de leur chef, restèrent
« un instant isolés, faibles et sans espérances : le
« tyran n'avait pas été exterminé ; mais il était
« vaincu ; la liberté triomphante commençait à
« s'étendre , et les peuples, étonnés d'être libres ,
« respiraient enfin ; les idées libérales se répan-
« daient, s'accréditaient, ne trouvaient plus d'obs-
« tacles ; la restauration s'avançait rapidement vers
« le terme ; la loi était forte , la nation devenait
« heureuse, et reprenait son rang parmi les nations
« du premier ordre.

« Tout-à-coup, et par la force même du crime
« et de la trahison, le trône que nous avions ren-
« versé se relève, le tyran que nous en avions chassé
« ignominieusement y reparaît. Étonnées, effrayées
« de ce qu'elles ont fait contre elles-mêmes , les
« nations , conjointement avec la saine portion du

« peuple français, s'arrêtent ; elles s'indignent, et
« reprennent leur marche puissante.

« Quel est donc ce retour de la tyrannie, et com-
« ment s'est-il opéré ? Est-ce que la liberté s'et re-
« pentie ? La France, lasse du repos et de son bon-
« heur naissant, a-t-elle rappelé Bonaparte ? a-t-elle
« redemandé son oppresseur ? Mais la France ne
« pensait pas même à lui lorsqu'il reparut ; la France
« était en paix et voulait rester en paix avec toutes
« les puissances, avec la Russie, l'Autriche, la Suède,
« avec toute l'Europe ; elle n'avait donc point la
« volonté de ramener au milieu d'elle ce perturba-
« teur de son repos, cet éternel ennemi de tous
« les peuples, à moins que quelques milliers de
« soldats parjures, tous armés de sabres et de baïon-
« nettes, et tous avides de sang et de pillage, ne
« dussent paraître l'expression bien exacte du vœu
« national.

« Si la France, libre de vouloir et de faire, eût
« senti pour elle la nécessité de changer son prince
« et son gouvernement, aurait-elle pu choisir pour
« la gouverner le même homme qu'elle venait de pro-
« scrire si solennellement? Aurait-elle imaginé de de-
« mander une constitution libérale à celui-là même
« qui avait le plus de motifs de haïr et la France et la
« liberté ? Or, Bonaparte était celui de tous qui
« avait le plus souffert de la contre-révolution, ce-
« lui donc qui devait travailler le plus à détruire
« ce que la contre-révolution avait élevé, à relever
« ce qu'elle avait détruit ; en un mot, à faire re-

« vivre tout le despotisme et toute la tyrannie de
« son ancien règne. Et s'il est vrai que la France ne
« pouvait vouloir retourner à ce régime odieux, qui
« donc pouvait l'engager à remettre sa force dans
« les mains les plus intéressées contre elle-même ?
« Un homme peut s'oublier jusque là ; jamais une
« nation, et sur-tout la nôtre. Supposé même qu'elle
« eût été réduite à prendre au hasard un chef dans
« le monde entier ; loin qu'elle appelât un Bona-
« parte, cet homme est peut-être le seul qu'elle
« aurait dû craindre, et qu'elle aurait craint de ren-
« contrer.

« Et comment ne pas voir que le retour de cet
« homme est une véritable calamité nationale, un
« nouveau défi que la tyrannie vient faire au peu-
« ple ; que la haine de l'humanité, l'ambition, la
« soif du sang et le desir du pillage viennent faire à
« notre repos et à notre tranquillité ; en un mot,
« comment ne pas voir que le parti roberspierriste se
« rallie en retrouvant un chef ? que dès-lors nous
« n'avons rien souffert pour la patrie, rien pour
« nous-mêmes, rien pour la paix, rien pour notre
« bonheur, et que la terreur, peut-être même les
« journées de septembre vont recommencer ?

« Or, comme l'intérêt et la volonté de la France
« ne peuvent être que de terminer l'œuvre de sa res-
« tauration au lieu de l'entraver, il est évident que
« Napoléon Bonaparte est revenu contre l'intérêt,
« sans la volonté et contre la volonté de la France :
« son expulsion, disons mieux, sa mort, est donc

« pour la France un besoin, une nécessité impé-
« rieuse ; et si les mêmes causes reproduites ramè-
« nent toujours les mêmes effets ; si les mêmes obs-
« tacles au repos et au bonheur de la nation doi-
« vent rallumer la même indignation nationale,
« déterminer la même crise contre-révolutionnaire,
« voyez combien est affreux le sort qui nous attend,
« combien sont coupables les partisans de nos op-
« presseurs et ceux qui favorisent les sourdes me-
« nées de l'ambition. La discorde, la guerre civile,
« le fer et la flamme, voilà ce qu'ils nous ont pré-
« paré, voilà ce qu'ils ont apporté dans notre patrie,
« ce que la France n'évitera qu'après l'horrible sa-
« crifice de plusieurs milliers de ses enfans.

« Ce n'est pas un crime pour Bonaparte d'avoir été
« chassé honteusement par les Français ; mais c'est
« un malheur et pour lui et pour ses partisans ; c'est
« un sceau de réprobation qui ne doit jamais s'effa-
« cer ; il est à craindre, c'en est assez pour qu'on le
« repousse, qu'on le proscrive une seconde fois, et
« qu'on en délivre tout-à-fait l'humanité.

« D'ailleurs, sa conduite ne justifie que trop les
« alarmes ; ce qu'il a fait et ce qu'il fait nous donne
« la mesure de ce qu'il fera, et montre assez com-
« bien est hypocrite et faux son prétendu dévoue-
« ment pour le bonheur de la France.

« Tel on le connut autrefois, tel on le reconnaît
« encore. Nous voyons un tigre sortant, pour ainsi
« dire, aujourd'hui de sa caverne, n'ayant quitté ni
« ses habitudes féroces, ni ses prétentions au des-
« potisme ; livré au même penchant pour la guerre,

« se flattant des mêmes succès (a); fier, ambitieux,
« cruel, tyran par principes autant que par naturel ;
« ne soupçonnant pas même qu'on s'occupait en
« France de l'oublier et de réparer nos malheurs,
« tandis qu'il digérait à l'île d'Elbe, ou qu'il y cons-
« pirait ; en un mot, toujours naturel dans les erre-
« mens de son despotisme ; disposé à se croire dé-
« généré et infidèle à la grandeur à laquelle il a
« l'audace de viser, s'il ne parvient à reconquérir
« le même trône qu'il usurpa il y a douze ans, et la
« même domination, qu'il appelle si plaisamment
« un gouvernement de notre choix, et dont la des-
« truction est à ses yeux une violation des droits les
« plus saints, un attentat à la légitimité, un crime
« enfin qui déshonore la France, et que la France
« doit réparer.

« Nous n'entrons point ici dans le détail immense
« de ses forfaits, encore moins dans celui de ses
« fautes, qu'il serait impossible de compter. Cet
« homme, qui sur le trône des Bourbons devait se
« croire d'autant plus élevé qu'il n'est que le fils
« d'une courtisane, comment pouvait-il ne pas en-
« rager en regardant la perte qu'il avait faite ? Com-
« ment ne pas chercher, dans son désespoir, les
« moyens que son étoile d'ailleurs pouvait lui repré-
« senter comme si naturels et si faciles de re-
« monter sur le trône ? Comment s'occuper du bon-

(a) A quelques différences près, néanmoins, car il craint de
passer sous les fourches caudines ; et moi je crains pour lui la
fourche patibulaire.

« heur de la France, et vouloir son repos et sa tran-
« quillité, quand lui-même, quand ses partisans,
« ses satellites et ses vils flatteurs n'ont qu'un intérêt,
« qu'une résolution, celle d'anéantir la France, d'é-
« craser l'Europe et d'exterminer tous les peuples?

« Une poignée d'hommes parvenus, orgueilleux,
« insolens, crapuleux et flétris, riches d'iniquités,
« après avoir pendant vingt-cinq ans vexé leurs
« concitoyens, pillé les étrangers, se relève et re-
« paraît; notre arrêt d'une main et la hache révo-
« lutionnaire de l'autre, elle vient se vanter à nous-
« mêmes du soin qu'elle vient prendre de notre
« gloire et de notre bonheur, se faisant des vertus
« de ses crimes, et à nous des crimes de nos vertus;
« s'attribuant de nouveau tous les honneurs, et ne
« nous laissant que la honte, l'opprobre, la misère
« et la prison.

« La liberté, l'égalité, ces droits que tant de se-
« cousses, tant de peines et tant de souffrances
« doivent nous avoir acquis; que nous avons
« achetés par tant de sacrifices et payés de notre
« sang; des traîtres, des brigands, d'odieux hy-
« pocrites viennent nous les ravir.

« Aussi avares qu'ambitieux, ennemis de toute
« pudeur et de toute justice, ne les voyons-nous
« pas, *diaboliquement* perfides, s'associer les mi-
« nistres de l'enfer, et d'accord avec ces êtres mal-
« faisans, s'appliquer sans relâche à torturer leurs
« semblables, à renverser les lois de la nature
« comme celles de la société, en nous opposant
« d'autres lois moins anciennes, mais qu'ils pré-

« tendent être plus fortes et plus saintes ? Et la
« France les souffre ! et la nation éclairée, la nation
« généreuse, reste muette et immobile sous leur
« main de fer ! Et la restauration s'arrête devant
« ces restes abominables de jacobins, de révolution-
« naires et de septembriseurs ! Non, non, si
« rien ne peut empêcher les hommes de soupirer
« après le bonheur, à plus forte raison n'est-il point
« de force qui puisse les déterminer à y renoncer
« lorsqu'ils l'ont une fois trouvé ; il faut qu'ils le
« goûtent, et si on le leur enlève, il faut bientôt
« qu'on le leur rende.

« Mais quand Bonaparte et ses partisans n'au-
« raient pas des forfaits à se reprocher, quand ils
« n'auraient pas à se justifier du sang de plus de six
« millions d'hommes, qu'ils ont fait couler ; quand
« ils ne devraient pas tomber d'eux-mêmes, le ca-
« ractère seul de la seconde usurpation de Bona-
« parte, annonce une seconde chûte, une chûte
« inévitable et qui sera la dernière.

« La tyrannie vaincue s'est relevée pour nous don-
« ner des lois, et la force qu'elle emploie contre
« son vainqueur est précisément celle que le vain-
« queur a bien voulu lui laisser. La victoire dont
« elle s'empare n'est point sa victoire ; notre géné-
« rosité et la sécurité dans laquelle nous vivions
« ont seules facilité ses succès jusqu'à ce jour ; sa
« nouvelle élévation n'est que passagère et sera
« bientôt un triste monument de son délire et de sa
« mauvaise foi. Elle n'est point notre ouvrage,
« elle est l'ouvrage des ennemis de notre bonheur,

« et la nation française n'oubliera pas ses intérêts
« ni son devoir.

« Bonaparte est donc , par sa seule présence en
« France , en opposition avec l'intérêt la gloire et
« le bonheur de la France ; il est d'ailleurs, ou par
« lui , ou malgré lui , ennemi de la restauration ,
« et comme la restauration est le fruit de l'ex-
« périence , le besoin du temps , la volonté ferme
« et prononcée de la nation française ; comme
« l'action de Bonaparte sur l'Europe ne peut être
« aussi forte que la réaction de l'Europe sur Bona-
« parte , Bonaparte doit tomber par la force des
« choses ; mais cette crise qu'on ne voit qu'avec
« effroi se hâter chaque jour , de quels maux en-
« core ne va-t-elle pas couvrir la France, si Napo-
« léon continuant à se faire illusion , s'opiniâtre à
« rester parmi nous , et à vouloir nous gouverner
« malgré nous ?

« *L'Angleterre n'a trouvé que dans Guillaume III*
« *le prince vraiment constitutionnel dont elle avait*
« *besoin , voilà pourquoi elle a repoussé les Stuarts ;*
mais , dira-t-on que, parce qu'il faut à la France un
roi constitutionnel , il faut pour cela qu'elle soit
gouvernée par un Cromwel , par un vil usurpateur, par un Corse ? Et de ce que nos anciens rois
n'étaient pas rois constitutionnels, de ce que des
forcénés ont fait mourir le premier des Bourbons
qui fut roi constitutionnel en France , s'ensuit-il
qu'il faille changer pour cela la dynastie de nos
rois , et que nous adoptions pour nous gouverner
un soldat avec toute sa race ? Non , Louis XVIII

est remonté sur le trône , parce que le vœu unanime de son peuple l'y appelait ; il n'a point, pour
légitimer ses droits , mendié comme Bonaparte
les votes de ses sujets ; ceux-ci l'ont appelé , il
est venu ; il est essentiellement l'homme de la
France , l'homme de la nation , l'homme de notre
choix ; il est le prince de la constitution nouvelle ,
qu'il soit pour les Français le gage de leur bonheur ».

Journal du 25 avril.

Nous serions mille fois dans le cas de nous répéter,
si nous voulions répondre aux sottises qu'on nous
répète mille fois.

Une courte expérience (nous dit encore la feuille
d'aujourd'hui), *nous a prouvé que les Bourbons avoient
au moins la science de la spoliation.*

Mais certes, une longue expérience nous a bien
prouvé aussi que Bonaparte possédait encore mieux
que les Bourbons cette odieuse science. Les Bourbons en se retirant , ont eu la simplicité , j'ose le
dire , de laisser dans la caisse du trésor , trente
millions en espèces , et plus de quarante millions
en effets ; est-il un seul homme qui estime Bonaparte capable d'en avoir fait autant dans pareille cir-
constance ? Et l'année passée , si on ne l'en eût
empêché , n'aurait-il pas emporté les diamans de
la couronne , dont il fait aujourd'hui un si grand
crime aux Bourbons de s'être emparés ? Non , toutes
les accusations qu'il fait publier contre la famille
royale ne prouvent que sa rage , son délire , sa

(39)

crainte, son impuissance, et la fausseté de son ame.
Et les plats et misérables folliculaires qui le servent
sentent bien qu'ils seraient un jour condamnés à
rougir, s'ils n'avaient la sage précaution de garder
l'anonyme. On ne sait si l'on doit sourire de pitié,
ou frémir d'indignation, quand on voit le bourreau
de six millions de Français accuser Louis XVIII d'a-
voir *dépouillé l'armée du prix de son sang*, d'avoir
accordé *de nombreuses pensions pour de honteux services*; comme si un frère de Louis XVI, un Bourbon,
avait jamais pu recevoir de honteux services. *Les
valeurs sur l'étranger ont été recherchées par des agens
inconnus*; nous ne voyons pas quelle induction on
en veut tirer contre le gouvernement des Bourbons,
qui du reste ont constamment et généralement facilité les opérations du commerce.

Quelle garantie offraient leurs vaines promesses ?

Et quelle garantie offre aujourd'hui celui dont
l'ambition prétend ne nous rien laisser en propre ?
Celui qui prétend avoir le droit de disposer non-
seulement de nos personnes, mais encore du *dernier de nos écus ?*

Journal du 29 avril.

Il est impossible qu'en lisant les journaux écrits
sous l'influence de Bonaparte, on n'éprouve pas de
temps à autre de ces mouvemens d'indignation qui
nous entraînent quelquefois malgré nous.

La feuille de Gand, du 24 avril, est-il dit dans
le journal de l'Empire du 29, *continue à insulter les
amis de la liberté ; elle traite de jacobins tous les*

hommes qui ne veulent ni de la noblesse féodale, ni de la dîme, ni de toutes les institutions gothiques du XIIIe siècle ; elle appelle terroristes, tous les Français résolus à ne pas reconnaître un roi qui a passé toute sa vie à solliciter des baïonnettes étrangères contre son pays, et qui est encore aujourd'hui aux genoux de tous les rois de l'Europe, pour les supplier de relever son trône légitime, sur les cadavres de deux millions de ceux qu'il appelle ses enfans.

Je n'insulterai point les amis de la liberté, je ne traiterai pas non plus de jacobins ceux qui ne veulent ni la féodalité ni la dîme, ni les institutions gothiques du XIIIe siècle ; mais quand des Français accuseront leur roi Louis XVIII, d'avoir *passé sa vie à solliciter des baïonnettes étrangères contre son pays, et d'être aujourd'hui aux genoux de tous les rois de l'Europe, pour en solliciter encore*, je ne crains pas de dire que de telles impostures rendent leurs auteurs punissables. Il faut être parvenu au comble de l'effronterie, pour oser publier de telles absurdités ; c'est supposer que nous n'avons aucune connaissance de la vie et du caractère de Louis XVIII, qui, s'il ne remonte sur le trône qu'en passant sur les cadavres de deux millions de ses enfans, donnera des larmes à chacun de ces cadavres, tandis que Bonaparte, seul auteur de tant de maux, jouira secrètement d'avoir fait massacrer tant de Français, et, dans sa joie féroce, sourira peut-être de sa sanglante défaite.

Journal du 2 mai.

Nous ne saurions mieux faire pour répondre à l'insolent parodiste qui se mêle de mettre à la portée de tout le monde les proclamations de Louis XVIII, que de le féliciter du soin qu'il a pris de cacher au public son nom et sa demeure : il sait qu'il échappe, par une telle précaution, au ressentiment de plus d'un Français, qui, dès le lendemain de sa belle parodie, n'aurait pas manqué de se présenter chez lui pour lui administrer la récompense de son savoir faire, c'est-à-dire, celle de Chicaneau à l'Intimé, dans la comédie des Plaideurs.

. . . . Monsieur, tâtez plutôt,
aurait-il pu dire au commissaire de police;
Le soufflet sur ma joue est encore tout chaud.

Journal du 3 mai.

L'article d'un certain individu, qui se dit Jacques Lefroid, adressé, de Montargis, au rédacteur du *Journal de l'Empire*, en date du 30 avril, et inséré dans la feuille de ce jour, nous dit que le problême dont la solution agite en ce moment l'Europe, est de savoir si une dynastie qui est tombée deux fois du trône de France y remontera une troisième. Alors il examine quels sont les moyens que cette dynastie et ses adhérens mettent en usage, quel but ils se proposent, et quel serait le résultat de leurs succès.

Nous allons poser la même question, et demander la solution d'un problême à-peu-près semblable. Il s'agit de savoir si un usurpateur, que son despotisme , son ambition et ses cruautés ont fait descendre du trône des Bourbons et chasser honteusement du territoire de France , s'y rétablira et régnera sur nous une seconde fois. Alors nous examinons quels sont les moyens que cet homme abominable et ses affreux partisans mettent en usage , quel but ils se proposent , et quel sera le résultat probable de leurs succès.

Les moyens qu'ils emploient sont avoués : c'est la guerre civile et la guerre étrangère ; c'est-à-dire , les plus grands fléaux et les plus grands crimes.

La guerre civile ; puisqu'ils savent bien que plus de la moitié de nos départemens sont déterminés à se faire égorger , plutôt que de reconnaître un autre souverain que Louis XVIII.

La guerre étrangère ; puisqu'ils savent bien que jamais les puissances de l'Europe n'auraient violé le traité de paix fait avec la France , et dont Louis XVIII seul peut leur donner , par son caractère connu de probité et de bonne foi , une garantie suffisante , s'ils n'eussent tenté d'usurper une seconde fois un pouvoir et un sceptre qu'ils ne peuvent rendre qu'odieux et insupportable. Ils appellent à grands cris sur notre malheureuse France , le meurtre , l'incendie et le pillage. Que Bonaparte , ce farouche Mameluck, règne sur des décombres et sur des morts, n'importe , pourvu qu'il règne ce leur suffit. Tout ennemi du bien , du repos public , est de droit l'homme chéri du tyran et de ceux de sa bande. C'est jusque parmi les brutaux esclaves de la Polaquie , et parmi les peuplades errantes de l'Arabie déserte, qu'il est allé mendier des satellites ; c'est avec une pareille escorte qu'il a osé se remontrer sur le territoire Français. Il avait abandonné l'année dernière, un million d'hommes, non-seulement à la merci d'un climat meurtrier, mais encore à la merci d'un vainqueur justement irrité. Il avait attiré sur nous les armes de l'Europe entière, et après avoir laissé tomber la France au pouvoir des ennemis qu'ils nous avait suscités, il a eu la lâcheté de signer en blanc le papier qui devait renfermer les conditions qu'il demandait comme une grace aux étrangers de nous imposer.

Comment un étranger, que la France a bien voulu adopter, en est-il venu à ce parricide que l'histoire ne pardonne jamais ? C'est qu'en effet il n'est pas Français, il ne l'a jamais été. Acharné depuis près de vingt ans à la destruction des peuples, il a pris la longue habitude de n'espérer que dans les horreurs de la guerre, et de ne souffrir que de nôtre repos et de celui de l'Europe. Les esprits se sont faussés, les ames se sont dénaturées par sa funeste influence. Je le répète, il n'est pas né Français ; s'il l'a été, ce n'est que par adoption ; mais il ne l'est plus. C'est tout ce qu'on peut dire de plus favorable pour lui.

Voyons maintenant le but qu'il se propose, lui et ses adhérens. Depuis trois mois environ, ils font de vains efforts pour se déguiser ; la vengeance, l'orgueil, la duplicité, ne se cachent pas facilement. Ce qu'ils veulent, personne ne l'ignore ; dépouiller la France entière et d'hommes et d'espèces, arracher de nouveau à l'agriculture les bras qu'elle réclame ; disposer de nous comme on dispose d'une victime à la boucherie ; en un mot, faire massacrer *le dernier de nos hommes* ; pour avoir, comme nous l'avons déja dit, *le dernier de nos écus*, étendre leurs sacriléges spoliations jusque sur les réserves du pauvre, vider de nouveau toutes nos caisses, celles mêmes des hospices, comme en 1814, non pour en gorger des favoris, (de tels hommes ne sont pas susceptibles d'aimer personne), mais pour acheter le dévouement de quarante mille janissaires.

Ne nous y trompons pas, l'oppression de la France, et une seconde fois le bouleversement de l'Europe, sont la pensée secrète de cet homme entreprenant. De quel droit pouvons-nous espérer un meilleur sort qu'avant 1814 ? La France est devenue la proie du même tyran, sa meute de partisans réclame la même curée, et les étrangers, ayant les mêmes raisons de craindre, ne manqueront pas de se liguer de nouveau pour tâcher de nous anéantir.

Voilà ce que la raison et l'évidence me font voir dans le parti qui s'agite au milieu de nous. Les moyens sont horribles ; le but odieux, et le résultat exécrable. Hommes humains, citoyens généreux, vrais Français, méditez ces trois théorèmes que vous offre, non le professeur de mathématiques Lefroid, mais le professeur d'humanité F. M. G******.

Journal du 19 mai.

La foule s'arrête depuis quelques jours devant une caricature qui représente un cosaque à cheval, ayant le comte de Lille en croupe. Ce cosaque traverse des villages et des villes en cendres , et foule aux pieds des morts et des mourans ; au bas de cette caricature on lit ces mots : Entrée d'un père au milieu de ses enfans , ou vœu des bons royalistes.

On aurait pu à la place du cosaque , mettre un polonais ou un mameluck , et à la place de Louis XVIII , l'ogre de l'île de Corse , qui nous dévore , et la caricature , par une plus juste application , aurait encore attiré plus de curieux , elle aurait eu tout le piquant de la vérité. On aurait encore pu mettre au bas ces mots : *Napoléon , libérateur des Français , ou vœu des bons bonapartistes.* Au surplus , il est faux que cette caricature existe , la police n'en souffre pas de semblables. (Voyez le journal du 1er avril).

Journal du 23 mai.

D'anciens journalistes , voués probablement à la cause de celui qui régnait pour lors à l'île d'Elbe , se plaignaient , il y a environ huit à dix mois , qu'une fièvre pamphlétaire exerçait en France d'incroyables ravages. En effet , c'était , à très-peu d'exceptions près , une manie qui affectait tous nos écrivains français ; mais il faut avouer qu'aujourd'hui , si la maladie est devenue moins générale , les hommes en petit nombre qui ont le malheur d'en être atteints doivent éprouver de bien fréquens accès , sur-tout si l'on fait réflexion que depuis que la rédaction de nos feuilles publiques a été confiée , par la police de Bonaparte , à ces fébricitans , nous ne voyons nos journaux remplis que de diatribes calomnieuses contre l'auguste famille des Bourbons.

Il n'est pas nécessaire qu'avant de démontrer logiquement combien est calomnieux l'article du journal d'aujourd'hui , concernant les Bourbons , nous fassions observer que , malgré le flegme et l'espèce d'indifférence et d'apathie avec lesquelles on a affecté de le rédiger , cet article , que bien des personnes pourraient regarder comme le produit d'une tête saine , n'est , comme les autres , que celui d'un cerveau très-mal organisé. A toute la souplesse du plus lâche adulateur, il est aisé de voir que l'auteur anonyme de cet article joint toute la malignité du plus perfide et du plus infame sycophante. C'est de lui qu'on pourrait dire avec Virgile : *Linguis micat ore trisulcis.*

Journaliste téméraire , vil intrigant , plat valet ou serviteur ingrat , tel a dû être l'auteur caché de l'article que nous réfutons, Il est téméraire , si ce qu'il divulgue n'est fondé que sur des données plus ou moins certaines. Il n'est qu'un vil intrigant , si, pour s'assurer de ce qu'il nous dit , il a dû s'immiscer auprès des princes par des moyens d'autant moins plausibles , qu'il n'avait pour but que de les espionner : or il est à remarquer que si ce qu'il avance a un fondement de vérité plus solide que des conjectures hasardées , ce fondement ne peut porter que sur les odieux résultats de la plus basse intrigue ; ou bien l'on conviendra que si ce qu'il nous annonce est vrai , et qu'il ne s'en soit pas assuré par les voies les plus honteuses, du moins c'est en manquant à toutes les lois de la reconnaissance, en se couvrant de la plus noire ingratitude, qu'il dévoile aux yeux du public des défauts que tout lui faisait un devoir de tenir secrets, puisqu'ils sont ceux d'une famille au service intérieur de laquelle il faut nécessairement qu'il ait été attaché : car il est certain qu'il n'a pu être informé des secrets qu'il nous a transmis par la voie des journaux, qu'autant qu'il a appartenu au service particulier des princes qu'il dénigre ; et dans ce dernier cas, tout le monde sent que le procédé d'un tel homme n'est pas seulement celui d'un ingrat ; c'est celui d'un perfide et d'un traître. Entamons son article.

Louis XVIII, dit-il, *est évidemment supérieur à son frère et à ses neveux ; mais ce prince a plus d'instruction que de lumières : il sait par cœur Horace et Juvénal, et ne sait pas l'administration ; il connaît les Grecs et les Romains, et ne connaît pas les hommes de son temps.*

Avant de répondre, qu'il nous soit permis d'observer à nos lecteurs, qu'en nous cachant son nom l'auteur de cet article n'a pas été sans dessein ; et son dessein probablement était d'échapper à ceux qui auraient pu lui demander de quel droit il se permet de juger des talens de Louis XVIII et de ceux des princes de sa famille. Mais puisque, grâce aux ténèbres dont il a pris soin de s'envelopper, nous en sommes réduits à supposer qu'il peut être juge compétent sur cette matière, nous allons tout simplement démontrer la fausseté de son jugement.

On accorde que Louis XVIII sait par cœur ses auteurs latins, *il connait* même *à fond les Grecs et les Romains;* en un mot, on avoue qu'il serait *fort à sa place dans la troisième classe de l'Institut,* on voit on lui un érudit, un bon académicien; ce qui suppose dans Louis beaucoup d'instruction. Voilà déjà ce qu'on ne peut plus nier. Mais on lui refuse la science de l'administration, on l'accuse de ne pas connaître les hommes de son temps. C'est probablement pour nous avoir insinué d'abord que ce prince manque de lumières, que notre folliculaire anonyme veut ensuite lui refuser la science de l'administration. Mais si, à beaucoup d'instruction, l'on vous démontrait, monsieur l'anonyme, que Louis XVIII joint beaucoup de lumières, votre raisonnement tomberait de lui-même; et il en résulterait que vous n'auriez dit qu'une sottise. Eh bien ! il est de fait qu'à beaucoup d'instruction Louis XVIII joint beaucoup de lumières. En voici la preuve.

C'est que si quelquefois les lumières se trouvent sans l'instruction, il n'en est pas de même de l'instruction, qui suppose toujours dans l'homme instruit des lumières préalables. (Et ceci est un principe dont vous reconnaîtrez la vérité, pour peu que vous y fassiez attention, et que vous vouliez être sincère.) Or, vous accordez vous-même, monsieur, que Louis XVIII a beaucoup d'instruction; mais s'il a beaucoup d'instruction, il faut que vous conveniez qu'il a aussi beaucoup de lumières : car l'instruction ne peut être dans un homme qu'en raison de ses lumières : le surplus n'est pas une

instruction, c'est un instinct; et bien certainement
ce n'est pas à celui que vous jugez capable de siéger
à l'Institut, que vous n'accorderez que de l'instinct.
Ainsi, quand vous dites que Louis XVIII a beaucoup d'instruction, cela est vrai ; qu'il a plus d'instruction que de lumières, cela ne peut pas être.

Vous accusez Louis XVIII de ne pas savoir l'administration ; mais le plus aisé de notre tâche est
précisément de prouver qu'il est peut-être de tous
les princes de l'Europe celui qui possède le plus la
science administrative. D'abord, en quoi consiste
une bonne et sage administration? n'est-ce pas à
faire le bonheur des administrés ? N'est-ce pas
à savoir s'imposer généreusement, dans les circonstances difficiles, les sacrifices que nécessite souvent
le bien général ? Mais si une bonne et sage administration consiste à savoir faire à propos les sacrifices nécessaires pour le bien général, quel souverain, mieux que Louis XVIII, posséda l'art de
l'administration ? Quel souverain, depuis que Louis
XVIII était remonté sur le trône de ses pères, tra-
vailla plus efficacement que lui au bonheur de ses
peuples? Avant que Napoléon ne quittât l'île d'Elbe,
était-il en Europe un peuple dont le bonheur fût
plus avancé que celui du peuple français ? notre
commerce, nos manufactures, notre industrie nationale avaient-elles jamais offert depuis vingt-cinq
ans, de plus belles espérances ? Le bienfait d'une
paix générale n'était-il pas dû à ce prince, dont
vous avez l'insolence de ne vouloir faire aujourd'hui
qu'un écolier ? La culture de nos champs abandon-

née depuis si long-temps à des bras sexagénaires ,
ou aux efforts faibles et impuissans d'un sexe que
la nature ne fit point pour les travaux pénibles , n'é-
tait-elle pas une suite des sages mesures qu'avait
prises ce prince pour lui rendre les bras vigoureux
de cette jeunesse que l'on traînait auparavant , et
que l'on traîne encore aujourd'hui dans les camps ?
Qui monsieur , Louis XVIII est un prince éclairé
et savant dans l'art de faire le bonheur de ses peuples ,
et par conséquent dans l'art de les administrer. Du
reste , je vous prie de répondre , en quoi trouvez-
vous si bonne l'administration de Napoléon ? Serait-
ce peut-être dans les presque deux milliards de
dettes qu'il a laissées à la France l'année passée ?

*A une faiblesse incurable dans les Bourbons de nos
jours, Louis XVIII joint un extrême entêtement sur
certains points.*

Il est bien dificile quand on attaque une bonne
cause , ou qu'on en défend une mauvaise , de ne pas
se trahir de temps à autre. Vous n'attaquez la famille royale que pour satisfaire votre animosité ;
mais faites attention à ce qui vient de vous échapper,
à une faiblesse incurable (a)..... Louis *XVIII joint un
extrême entêtement (b).*

(a) Cette faiblesse incurable , que les flatteurs de Bonaparte
reprochent à Louis XVIII , est sans doute fondée sur l'extrême
facilité avec laquelle il a mis en oubli tout le mal que lui avaient
fait ses ennemis, et la généreuse bonté avec laquelle il a mis bas
toute espece de ressentiment à leur égard.

(b) Cet entêtement est probablement la fermeté avec laquelle
il a défendu au congrès les intérêts de la Saxe et de la Pologne.

(51)

Je demande comment il est possible de concilier dans la même personne , une faiblesse incurable avec un extrême entêtement. Si la faiblesse est incurable , l'entêtement ne peut pas être extrême , comme si l'entêtement est extrême la faiblesse ne peut pas être incurable. L'entêtement suppose une fermeté de caractère qui contraste trop avec la faiblesse , et sur-tout avec une *faiblesse incurable*, pour qu'on puisse admettre l'un et l'autre dans le même individu.

De ces deux défauts réunis (nous venons de démontrer que ces deux défauts ne sauraient être réunis) *est résulté dans la conduite de ce prince, une faute qui est celle de toute sa vie... et qui, après l'avoir compromis dans l'étranger , lui a fait un grand nombre d'ennemis en France , même parmi ses plus zélés serviteurs.*

Qui a jamais ouï dire que Louis XVIII se fût compromis à l'étranger ? Quant à ce grand nombre d'ennemis qu'il s'est fait en France , c'est que sans doute l'on compte parmi ses ennemis , cette garde nationale parisienne , qui , après l'avoir arrosé de ses pleurs lors de son départ de la capitale , n'a cessé de le pleurer jusqu'à ce jour , et le pleurera sans cesse encore jusqu'à ce qu'il lui soit rendu ; c'est que sans doute on compte parmi ses ennemis , les habitans de plus de la moitié de nos départemens , qui se sont soulevés et se soulèvent encore contre quiconque veut leur faire reconnaître d'autres lois que celles de Louis XVIII ; c'est que sans doute l'on compte parmi ses ennemis , cette multitude de Français que

le gouvernement de Bonaparte est obligé de menacer
des plus terribles châtimens pour obtenir d'eux
qu'ils portent la cocarde de Roberspierre et de Marat;
cocarde que Napoléon nous veut forcer de reprendre,
dût-il, pour en venir à bout, exécuter militairement la moitié de nos habitations; mais certes, si ce
sont là ceux qu'on nous veut représenter comme
ennemis de Louis XVIII, ce sont des ennemis qui
ont une bien étrange manière de se déclarer.

*Louis XVIII eut toujours un favori en titre, et ce
favori l'a toujours emporté sur les amis, les parens, le
frère du prince.*

Nous avouons que cette inculpation peut avoir
quelque chose de fondé, mais nous sommes en droit
de reprocher à celui qui l'a faite d'avoir affecté de
nous la présenter sous le jour le plus faux dont elle
puisse être susceptible. Le choix des expressions, le
ton et la manière dont ces expressions sont accom-
pagnées, décèlent, dans notre anonyme, une mé-
chanceté punissable.

Louis XVIII a toujours eu un favori, cela n'est pas
exactement vrai; si vous eussiez dit : *Louis XVIII
eut trop de confiance dans l'un de ses ministres*, vous
vous fussiez mis en garde contre toute réplique;
parce que nous avouons que Louis XVIII a pu se
tromper dans le choix qu'il a fait de quelques-uns de
ses ministres; mais qu'il ait eu la faiblesse d'avoir un
favori, c'est ce que nous démentons formellement;
et la preuve de ce que nous avançons se trouve
dans les contradictions où vous tombez vous-même,
car voici ce que vous dites encore dans l'article qui

nous occupe , au sujet du prétendu favori : *Louis XVIII sent qu'il est asservi, il s'en indigne quelquefois, il hait secrètement l'auteur de cette violence habituelle, il le méprise et le conserve (a).*

Si ce que vous dites pouvait n'être pas faux, Louis XVIII serait un roi extraordinaire ; on conçoit facilement qu'un roi peut avoir un favori , que souvent même le bien général fut sacrifié par les rois au desir de plaire à des favoris ; mais qu'un roi *s'indigne* contre son favori , qu'il le *haïsse* même , qu'il le *méprise* , et malgré cela le *conserve* , c'est ce que la raison humaine ne peut concevoir. Et si jamais roi peut en agir ainsi , convenez que lors même que Louis XVIII se serait trompé en donnant sa confiance à certain ministre qui ne la méritait peut-être pas , il faut qu'il ait eu de bien puissans motifs , pour en agir comme il a fait , à l'égard de celui qu'il vous plaît d'appeler son favori. Vous ignorez probablement ces motifs ; nous les ignorons aussi , bien d'autres personnes les ignorent de même ; mais cela ne veut pas dire qu'ils n'aient pas existé. Et mieux vaut , nous pensons , croire à leur existence sans les connaître , que s'exposer à juger témérairement d'un prince que toute l'Europe admire et que toute la France regrette.

Né moins franc que son frère aîné , Louis XVIII a

(a) Qu'est-ce qu'un favori que l'on hait et que l'on méprise ? Est-ce ici une allusion à Louis XIII et à Richelieu ? Mais Richelieu était un ministre très-capable , un excellent ministre.

comme lui l'espèce de fausseté inséparable de la fai-
blesse.

O impudeur ! Louis XVI et Louis XVIII accusés de fausseté ! ! ! Louis XVI qui se fit constamment un devoir de mettre en évidence aux yeux de son peuple, et des représentans de son peuple, jusqu'aux plus secrètes pensées de son cœur, jusqu'aux motifs les plus cachés de sa conduite privée et de sa conduite administrative, Louis XVI être accusé de fausseté ! Mais je reviens ; oui, il fut faux ce Louis XVI ; car tant qu'il fut Dauphin, jamais il n'employa à ses plaisirs les sommes que le roi Louis XV lui fournissait pour cela ; mais il les détournait secrètement pour en soulager les pauvres. Oui, il fut faux ce Louis XVI ; car autant qu'il le pût, il cacha constamment aux yeux du public les actes de sa bienfaisance. Oui, il fut faux ce Louis XVI ; car il avait promis qu'à son avènement au trône il serait un roi sévère, et il ne fut jamais, même envers ses ennemis, que le plus sensible des hommes, le plus tendre des pères, et le meilleur des rois. O Louis XVI ! Infortuné monarque ! Oui, nous sommes forcés d'en convenir, tu ne fus pas sans défauts, car tu fus bon jusqu'à l'excès, et ce défaut malheureusement, qui serait une adorable vertu dans les Bourbons, si les Bourbons n'avaient des Français à gouverner, est encore celui de ton successeur. En vain la conduite de Louis XVIII envers son peuple fut-elle toujours ouverte, franche et loyale, des hommes faux ne l'en accuseront pas moins de fausseté. C'est vraisemblablement parce qu'il sut prendre sur lui de dissimuler l'horreur que doit inspirer l'odieux aspect des assassins de Louis XVI et de Marie-Antoinette, qu'on l'accuse aujourd'hui de fausseté ; c'est vraisemblablement parce qu'il a promis de tout oublier, et qu'un oubli si généreux est pour ainsi dire au-dessus de toutes les forces humaines qu'on dit que Louis XVIII est un homme faux ; et, en effet, si Louis XVIII n'est qu'un homme ordinaire, il est impossible qu'il ne soit pas faux quand il dit qu'il a tout oublié, parce qu'il est impossible, à moins qu'il n'ait une vertu céleste, de ne pas faire justice à la France et à lui-même de ces hommes coupables qui font encore aujourd'hui parmi nous trophée de leurs exécrables forfaits. Cependant l'on n'a point vu sous son règne qu'il s'occupât en aucune manière de rappeler des crimes que tout lui faisait un devoir de punir. Il a dit qu'il avait tout oublié, il n'a puni personne ; donc il a dit vrai, donc il n'est pas un homme faux.

Ni Louis XVI ni Louis XVIII n'ont pu échapper aux soupçons qu'inspire une conduite équivoque. Tous les yeux fixés sur eux ont deviné sans peine qu'ils jouaient deux rôles, l'un public, l'autre secret.

Avant de vous répondre, monsieur l'anonyme, nous vous observerons que parler en mal aujourd'hui de Louis XVI n'est pas d'une ame sensible et noble. Les régicides qui le condamnèrent sont seuls excusables de lui chercher des torts ; et si au lieu de me voir réduit sur votre compte à de simples soupçons, je pouvais acquérir la certitude que vous avez eu le malheur d'être de ce nombre, pour vous ré—

futer, monsieur, je n'aurais besoin que de vous nommer. Et quant aux deux rôles que vous accusez ces deux princes d'avoir joués, sachez, monsieur, que vous ne devez rien avancer sans preuves. Pour le rôle public, nul doute à cet égard, Louis XVI a rempli le sien, Louis XVIII est encore sur la scène; mais Louis XVI a-t-il joué, et Louis XVIII joue-t-il encore un rôle secret ? Voilà, M. l'anonyme, ce qu'il nous importe de savoir. Vous osez l'avancer, quelles preuves nous allez-vous fournir ? Vous ne devez pas vous formaliser si nous ne vous croyons pas sur parole ; sur-tout quand vous ferez réflexion que le rôle que vous jouez vous-même est joué si secrètement qu'on ne sait pas même qui vous êtes.

Le péril a éclaté, et l'on a vu les deux frères céder de même aux circonstances, au lieu de faire tête à l'orage ; Louis XVI est allé se livrer à l'assemblee nationale, Louis XVIII est allé se livrer aux étrangers.

Quand ce que vous dites serait vrai, loin d'en tirer aucun argument contre eux, si vous étiez juste, perfide détracteur, vous admireriez les motifs qui, dans les deux circonstances, ont fait agir les deux princes. Louis XVI connaissait bien la convention, il savait bien qu'en se livrant à elle, il se livrait à son plus cruel ennemi ; mais c'était l'homme juste qui se livrait pour le salut de tous. Nouveau Codrus, il s'est dévoué pour le bonheur de ses sujets, et quand c'est un tel prince que vous avez l'audace de nous représenter comme un lâche, n'avons-nous pas le droit de vous répondre : *Allez, la lâcheté n'est que dans l'insolent qui se cache.*

Louis XVIII , dites-vous , est allé se livrer aux étrangers. Vous en imposez : Louis XVIII ne s'est point livré aux étrangers ; comme Louis XVI , il a voulu épargner le sang de ses sujets , il n'a point voulu exposer son peuple aux horreurs d'une guerre intestine ; il savait qu'en sacrifiant quelques milliers de gardes nationaux , il pouvait réduire cette partie de l'armée qui s'est rendue parjure ; mais il fallait pour cela voir des Français sabrer des Français ; il fallait pour cela mettre aux prises une population paisible et peu faite au maniement des armes , avec une soldatesque accoutumée au sang et au pillage ; il fallait pour cela voir périr des sujets fidèles et dé-voués , qui n'étaient nullement cause ni du retour de Napoléon , ni de la défection des soldats ; en un mot , il fallait exposer à toute la réaction du vain-queur , en cas que c'eût été Napoléon , un peuple dont Louis XVIII n'avait qu'à se louer ; il a mieux aimé s'éloigner momentanément de son poste , et en cela vous ne devriez que l'admirer.

Louis XVIII a quitté la France , mais il est faux que c'ait été pour s'aller livrer aux étrangers. Il compte toujours sur l'amour de son peuple ; il sait que l'ar-mée de Napoléon fera bien moins pour l'empêcher de remonter sur le trône , que ne feront pour l'y rappeler les Français éclairés et fidèles qui refuseront de prendre les armes contre leur roi ; il s'est assuré aussi , en agissant comme il a fait , de n'avoir ex-posé au châtiment dû à des rebelles , que ceux qui le seront réellement ; puisqu'il n'y aura de risques à courir que pour ceux qui auront pris les armes pour la cause de Napoléon.

Quelques préventions favorables qu'on apporte à l'examen de la conduite du roi, on est cependant forcé d'y reconnaître des fautes graves.

Cela est vrai, Louis XVIII a effectivement commis une faute grave, lorsqu'il a pu regarder comme sincères les sermens de tels ou tels maréchaux, qui ont été les premiers à le trahir indignement et avec tant de lâcheté ; il a fait une faute grave, lorsqu'il n'a pas fait exécuter militairement les agens d'une conspiration qui ne tendait à rien moins qu'à replonger la France dans l'abyme où elle se trouve maintenant.

Mais quand vous osez nous dire que c'est avec des *préventions favorables que vous avez examiné la conduite du Roi ;* nous ne craignons pas de répondre que vous voulez nous tromper ; parce que vous ne dites pas vrai. Vous avez examiné la conduite du roi, non dans l'intention de le trouver innocent, non dans l'intention d'excuser ses fautes, mais avec le desir de le trouver coupable, avec le regret de ne pouvoir lui faire de plus grands reproches, avec le regret de ne pas trouver assez de formes pour représenter sous un faux jour ses actions les plus innocentes.

Je ne m'arrêterai pas à ce que vous avez dit d'insultant sur monseigneur le comte d'Artois. Vous avez rougi à la seule idée de signer votre article, et vous aviez en effet de quoi rougir. Lorsqu'on est

aussi insolent et aussi bas , on a raison de n'oser
ni se nommer ni se montrer. Et si , en permettant
l'insertion de votre article dans un journal , on a
cru servir les intérêts du compétiteur des Bourbons ,
il faut convenir que celui qui est chargé de gouverner l'esprit public a recours à des moyens bien
vils et bien humilians.

Vous ne voulez pas , dites-vous , *retracer avec de
vives couleurs la faute nationale qui a signalé l'entrée
du comte d'Artois dans le conseil. C'est assez qu'il
porte le nom de Français , pour que vous desiriez effa-
cer une pareille tache dans notre histoire.*

On ne peut , M. l'anonyme , que vous savoir gré
de votre retenue et de votre modération. Cependant
la crainte que vous semblez avoir de compromettre le nom français , en nous retraçant *avec de
vives couleurs la* prétendue *faute du comte d'Artois* ,
nous paraîtrait moins hypocrite, si tout en faisant
une faute de ce qui ne fut qu'un sacrifice pénible ,
vous vous fussiez montré moins insolent et moins
acharné.

Mais examinons , et voyons donc quelle fut cette
faute ; ne craignons pas de la montrer dans tout son
jour. Il est question , je crois, de cinquante-deux
ou cinquante-trois places fortes livrées aux alliés :
eh bien ! de ce nombre, il n'en est pas une qui ne
fût déjà par le fait place forte de l'étranger ; pas
une que toutes les forces réunies de la France
eussent jamais pu conserver , il aurait fallu tôt
ou tard les abandonner par famine ou autrement ;
ce qui aurait entraîné des inconvéniens bien

plus graves encore que celui de les abandonner volontairement. Ensuite, ce n'est pas à la France qu'il convenait alors de se roidir : les étrangers étaient maîtres de la capitale, et de presque toutes les provinces de la France ; et c'était Bonaparte qui les y avait attirés, Bonaparte qu'ils avaient résolu d'exterminer. Ils pouvaient se venger sur la France de tout le mal que cet homme leur avait fait ; et bien certainement ce n'est pas Napoléon ni tous ses partisans réunis qui auraient obtenu des alliés ce qu'en obtinrent les Bourbons. Il fallait ou voir ravager le reste de la France, ou traiter de la paix ; et dans une telle conjoncture, le choix ne devait pas être douteux. L'armée était découragée et comme paralysée par ses revers, la France était épuisée ; il n'est personne qui n'eût blâmé le comte d'Artois, et ne lui eût fait un crime d'avoir choisi l'alternative contraire. Toutes les places fortes qu'il livra étaient bloquées par des troupes nombreuses, il n'y avait pas possibilité alors pour la France d'en faire débloquer aucune ; il était même urgent pour les garnisons d'un grand nombre de ces places, qu'on traitât de leur reddition : Maïence, par exemple, avait déjà vu, dans l'espace de quinze jours, plus de trente mille Français succomber à la fièvre épidémique et pestilentielle qui régnait dans cette misérable ville. D'ailleurs, quelles fautes incomparablement plus grandes n'a pas faites Napoléon ? fautes dont vous avez l'injustice de ne pas parler, et dont je ne parlerai pas non plus, pour n'être pas trop long ; je n'abandonne à vos réflexions que celle dont le résultat, heureusement pour la France, ne fit qu'augmenter le mépris qu'avaient conçu depuis long-temps pour lui et les souverains alliés et la saine portion des Français : il eut la lâcheté, lors même qu'il lui restait encore plus de quatre-vingt mille hommes disponibles, d'envoyer son ministre Caulincourt avec une feuille signée en blanc, laissant aux étrangers le soin de la remplir comme ils voudraient, et de nous imposer par conséquent les conditions les plus humiliantes.

Le duc d'Angoulême...., brave, dit-on, de sa personne, ne sait rien, ne peut rien apprendre. Comme militaire, un simple sous-lieutenant est plus instruit que lui.

On ne peut s'empêcher d'admirer la réserve que vous mettez dans vos expressions, monsieur l'anonyme ; vous n'êtes pas sûr de la bravoure du duc d'Angoulême : aussi, ne le représentez-vous comme brave que d'après un *dit-on*. Eh bien ! sachez que ce duc d'Angoulême qu'on vous a dit brave, est brave en effet ; sachez que par sa bravoure il a fait trembler et l'armée de Napoléon et Napoléon lui-même ; et que si la trahison fût venue un quart d'heure plus tard au secours des rebelles, ce prince, dont vous ne voulez pas même faire un sous-lieutenant, aurait forcé jusqu'aux *grognards* de Bonaparte à crier *vive le roi !*

Assez doux de caractère, assez facile d'humeur, il aurait pu obtenir quelque attachement ; mais une épouse altière, impérieuse, aigrie par l'infortune, douée d'un esprit rebelle à toute culture, et d'un cœur superstitieux, exerce sur ce prince un funeste ascendant.

Nous vous savons gré de l'aveu, monsieur l'anonyme; il est fâcheux seulement que lorsque vous êtes forcé de nous en faire de semblables, vous ne soyez sincère qu'à demi. *Il aurait pu obtenir quelque attachement!* Mais sachez donc (et ceci n'est pas un dit-on) que monseigneur le duc d'Angoulême avait déjà obtenu l'attachement général de tous les bons Français; que tous les bons Français l'aiment et le chérissent à l'égal de ce qu'ils aiment et chérissent le plus.

Quant à madame la duchesse d'Angoulême, nous vous observerons seulement qu'il est d'un calomniateur et d'un lâche de se conduire comme vous faites. Vous attaquez une princesse que tous les genres d'infortune ont éprouvée, une princesse que ses malheurs rendraient peut-être intéressante, comme nous l'avons déjà dit, à Napoléon lui-même; en un mot, une princesse que ses plus acharnés ennemis ne peuvent s'empêcher de plaindre et de respecter. Et encore c'est en vous cachant que vous l'attaquez; c'est du fond de l'on ne sait quel antre que vous lancez sur elle vos traits empoisonnés : vous cherchez à dénigrer la plus vertueuse comme la plus intéressante victime qui soit échappée aux horreurs de la révolution, c'en est assez pour que je me dispense de vous répondre.

Pour comble de malheur, le duc d'Angoulême est ab-

sorbé par *les pratiques d'une dévotion aveugle. L'avenir ne présente pas un aspect bien riant sous un tel prince.*

Qu'il soit vrai de dire que le duc d'Angoulême est un prince religieux, tant mieux ! Qu'il soit même dévot : pourvu que sa dévotion n'exclue pas en lui les qualités requises pour faire un prince digne de commander, qu'importe aux impies même la dévotion bien ou mal entendue du duc d'Angoulême ? Nous avons déjà vu que cette dévotion qu'on lui reproche ne l'a pas empêché de se conduire tout récemment comme un guerrier, comme un héros même, dans le midi de la France. Il est vrai que *sous un tel prince, l'avenir,* au lieu de ne *présenter* que *l'aspect* du désordre, de l'irréligion, de l'injustice et de l'immoralité la plus profonde, nous offre la perspective de l'ordre, d'un culte religieux, de la justice et des mœurs ; et cette perspective ne peut jamais être bien riante pour qui ne connaît ni Dieu, ni foi, ni loi, ni mœurs.

La nature avait traité le duc de Berry avec moins de rigueur que le duc d'Angoulême. Il a plus d'esprit, d'instruction et de facilité... Il ne manque pas d'une certaine exaltation de tête, d'une certaine chaleur d'ame... Mais... il s'est livré à d'incroyables désordres ; il a pris les habitudes et les mœurs d'une société dépravée : c'est ce qu'on appelle en France un homme perdu.

Pour celui-ci, bien certainement, vous ne l'avez pas jugé *avec des prétentions favorables.* Eh bien, vil détracteur ! nous vous donnons le démenti le plus formel sur ce que vous venez d'avancer. Monseigneur le duc de Berry ne fut jamais ce que vous le dites. Il fut gai, facile, enjoué; peut-être même fut-il volage et inconsidéré. Mais il y a loin de monseigneur le duc de Berry *à ce qu'on appelle en France un homme perdu.* Comme son auguste père, il eût été la folie de la nation, ou plutôt l'idole de la jeunesse française, si des traîtres et des hommes vendus secrètement au conspirateur de l'île d'Elbe n'eussent engagé ce jeune prince dans plusieurs fausses démarches, qui ont pu, à la vérité, compromettre son caractère, mais qui prouvent toujours qu'il n'est pas sans quelque ressemblance, du côté des qualités, avec l'homme trop fameux dont vous prétendez soutenir le parti.

Le duc de Berry a de l'esprit, de l'instruction, il est homme de tête : voilà ce qu'il a de commun avec Bonaparte ; et vous le traitez pour cela de despote, d'homme colère et emporté. C'est-à-dire, que vous lui faites un crime des mêmes qualités que vous admirez dans le chef du parti que vous avez embrassé. Il est, comme le sont la plupart des Français, d'un caractère ouvert, jovial et communicatif. Voilà ce qu'il ne partage point avec Bonaparte, parce qu'il est Français, et que Bonaparte ne l'est pas ; et pour cela vous le traitez d'étourdi : c'est un naturel gâté, en un mot, c'est *un soldat de mauvaises mœurs.* Il est certain que si nous voulions entrer dans le détail de toutes les turpitudes dont s'est souillé et dont se souille encore Bonaparte, nous révolterions à-la-fois et la décence, et les personnes chastes, et même la nature. Personne n'ignore avec quelle impudence cet incestueux... C'en est assez : respectons et l'innocence et les mœurs des jeunes gens qui pourront nous lire.

Vous avouez, monsieur l'anonyme , que vos réflexions sont sévères; nous osons dire plus : elles ne sont pas celles d'un honnête homme.

Si elles sont d'une exacte verité , ajoutez-vous, *quel est l'homme sensé qui voudrait embrasser la cause des Bourbons?* Oui , si vos réflexions étaient d'une exacte vérité , si elles n'étaient pas trop évidemment celles d'un homme aveuglé par l'esprit de parti , il est certain que tout homme sensé devrait renoncer à la cause des Bourbons. Mais nous avons démontré que , loin d'être vraies , vos réflexions n'étaient pas même celles d'un honnête homme ; qu'elles étaient celles d'un lâche adulateur de Bonaparte , d'un fourbe , en un mot, et d'un calomniateur. C'en est assez pour que nous nous rattachions plus fortement que jamais à la cause des Bourbons, les plus fidelles gardiens que puisse avoir la France de ses lois, de sa liberté et de son bonheur. Et quand vous osez nous dire que *c'est une impiété à ces princes, un aveuglement sans excuse à leurs partisans , de vouloir attirer la guerre étrangère dans leur pays pour une cause qui n'est pas celle de la nation,* nous pouvons vous répondre que c'est une imposture à vous, une scélératesse aux partisans de la cause que vous défendez , de dire que ce sont les Bourbons qui attirent la guerre étrangère en France. Si de vils conspirateurs n'eussent ramené sur le trône de France Bonaparte, l'éternel ennemi de notre repos et du repos de tous les peuples, les étrangers eussent-ils jamais repris les armes contre la France ?

Vous supposez, ce qui est impossible, dites-vous avec raison, *la défaite du peuple français.* Sans doute, la défaite du peuple français est impossible : car autre chose est le peuple français, autre chose est l'armée de Bonaparte. C'est, je pense, la défaite de l'armée de Bonaparte que vous avez voulu supposer ; mais alors c'est une sottise à vous de regarder la chose comme impossible, puisque Napoléon lui-même regarde ses succès comme fort douteux ; et il n'a pas tout-à-fait tort. Le peuple français et l'armée de Napoléon faisant deux, il est inutile de réfuter les conséquences que vous avez tirées de l'identité de ces deux corps. Cette identité n'existe pas : ainsi nous pouvons dire que *les révolutions, les explosions, les réactions* dont vous semblez nous vouloir faire pressentir *les terribles, les nécessaires, les indispensables* résultats, n'auront pas plus lieu quand Louis XVIII sera rentré dans ses droits, que n'a eu lieu jusqu'à ce jour, quoi qu'on en dise, l'assentiment du peuple au rétablissement de Bonaparte et à la défection des soldats.

Journal du 6 juin.

Nous ne prendrons pas le ton de la déclamation pour réfuter le virulent préambule qu'on a inséré dans le journal d'aujourd'hui, concernant le manifeste du roi de France adressé à la nation française. Nous nous contenterons de dire que, par un trait

de la plus insigne mauvaise foi, on a tronqué, changé et falsifié ce manifeste. On en a retranché trois
passages, dont l'un d'environ quinze à vingt lignes,
un autre d'environ trente lignes, et un troisième
d'environ quarante. On y a ajouté des passages qui
ne sont pas dans l'original; on en a changé les expressions, on en a tourné les phrases, de manière
à leur donner un sens contraire à celui qu'elles
avaient. C'en est assez pour que nous nous dispen-
sions de raisonner avec des hommes si peu délicats.

Journal du 7 juin.

La lettre adressée en date du 23 mai 1815 au
général commandant le département de la Loire-
Inférieure par le ministre de la guerre de Bonaparte; par cet homme furieux, si connu pour avoir
été le farouche incendiaire de Hambourg, le dévastateur de toutes les campagnes qu'il a parcourues;
par le terrible, l'effroyable Davoust, se ressent trop
du caractère furibond de cet homme voué pour jamais à l'exécration des humains, pour qu'il soit
besoin de réfuter les sottises et les mensonges qu'elle
contient.

Journal du 8 juin.

Le même folliculaire qui avant-hier a si im-
pudemment tronqué et falsifié le manifeste de
Louis XVIII, adressé à la nation française, s'était
permis de publier sur ce manifeste un préambule
des plus envenimés; nous avons cru devoir nous

taire sur l'esprit qui a pu dicter un semblable article. L'animosité et le fiel dont il est rempli nous
laissaient croire que l'auteur d'une telle diatribe serait, au moins pour quelque temps, délivré de la
bile qui le tourmente ; mais non : aujourd'hui encore il se déchaîne, il se remet à vomir les injures
les plus atroces et les plus grossières contre tous les
écrivains, tant français qu'étrangers, qui s'intéres-
sent à la cause du souverain légitime de la France.
Il prétend que les écrivains *qui plaident en faveur de
Louis XVIII sont précisément les mêmes qui, pendant
onze mois, ont épuisé les derniers outrages contre un
souverain exilé sur un rocher, proscrit par les rois,
abandonné par les peuples et séparé violemment de sa
propre famille.*

Nous n'examinerons point si réellement un flibus-
tier mérita jamais le nom de *souverain ;* nous n'examinerons pas si réellement on a dit de Bonaparte
tout le mal qu'on pouvait en dire, tout le mal qu'on
avait le droit d'en dire, en un mot, tout le mal
qu'il a fait. Nous nous bornerons à plaindre cet
homme trop célèbre, non de ce qu'on ne lui laissa
que l'île d'Elbe pour satisfaire sa funeste ambition
de régner ; mais d'avoir pu, lorsque tout était dans
l'ordre, lorsque tonte l'Europe était en paix, et que
la France avait le droit d'attendre de lui qu'il la
laisserait se remettre des maux qu'il lui avait cau-
sés ; d'avoir pu, dis-je, essayer de renverser de nouveau le gouvernement qu'elle venait de se donner ;
d'avoir pu ajouter encore aux crimes nombreux dont
son ame est souillée, le crime affreux de jeter la

France dans l'état où il vient de la jeter ; d'avoir pu se mettre lui-même dans la nécessité de veiller sans cesse à la sûreté de son odieuse personne, que toutes les puissances de l'Europe ont solennellement proscrite et vouée à la vindicte des nations. On prétend qu'au lieu de faire des reproches à cet exilé de l'île d'Elbe, nous avons dû nous apitoyer sur son sort ; j'en conviens : Il n'est pas de tigre, d'hiène, pas de bête féroce, en un mot, qui, lors même qu'elle a fait beaucoup de mal, n'inspire un sentiment plus ou moins fort de compassion, lorsqu'on la voit privée et de sa liberté et de son élément ; mais s'ensuit-il de là qu'il faille, aux dépens de notre propre sûreté, au risque de notre vie, et pour satisfaire une funeste pitié, courir au-devant de l'animal qui nous déchire et qui nous dévore ? Non. Napoléon était à l'île d'Elbe : c'était le tigre dans sa cage de fer ; on a ouvert la cage, il s'est échappé ; cent mille Français, peut-être, seront victimes de leur imprudence ; il les dévorera : telle sera leur récompense. Puisse l'auteur de l'article qui nous occupe n'être pas de ce malheureux nombre !

Journal du 9 juin.

Il est inutile et fastidieux en même temps d'avoir toujours à réfuter les mêmes sottises, les mêmes impertinences et les mêmes calomnies. Monsieur le lieutenant-général Freyssinet, faisant écho probablement avec certains clabaudeurs, se mêle aussi de publier à Toulouse, où il commande la dixième division militaire, qu'on a cherché à rétablir les droits féodaux et la dîme. Mais, certes, dites-nous donc où, quand et comment il a jamais été question de rétablir ni les droits féodaux ni la dîme; et si vous ne voulez pas passer pour d'infâmes calomniateurs, prouvez-nous ce que vous dites. Il n'y a pas d'autre réponse à faire à vos fausses inculpations.

Journal du 14 juin.

Rapport du ministre de l'intérieur sur la situation de l'Empire.

La longueur de ce rapport ne nous permet pas de l'examiner sous tous les points; nous nous contenterons de signaler à nos lecteurs les divers passages qui nous ont paru renfermer plus ou moins de malignité et de perfidie. Par exemple, qui, après avoir lu dans le mémoire de monsieur le lieutenant général Carnot le passage suivant : *Le retour des Bourbons produisit en France un enthousiasme universel; ils furent accueillis avec une effusion de cœur inexprimable... Il ne se trouvait personne qui ne fût réellement dans l'ivresse...* Qui, dis-je, après avoir lu un tel passage, ne soupçonnera pas de la mauvaise foi, ou tout au moins de la versatilité, lorsqu'il verra ce même M. Carnot annoncer que Bonaparte *a quitté le rocher de son exil, pour venir délivrer la patrie du joug insupportable que ses ennemis lui avaient imposé.* Je demande comment il a pu se faire, qu'en recevant les Bourbons, *dont le retour produisit en France un enthousiasme universel,* c'était un joug que nous recevions de nos ennemis ? Comment les Bourbons, *qui ont été accueillis avec une effusion de cœur inexprimable*, n'ont-ils été reçus que parce que nos ennemis nous les ont imposés ? Comment, puisqu'il ne s'est trouvé *personne qui ne fût réellement dans l'ivresse* lors de leur retour, est-il vrai qu'ils soient revenus contre *le vœu national?* Car il faut encore observer que, dans son rapport, S. E. monseigneur le comte Carnot insinue que *le vœu national* n'était pas pour les Bourbons.

Voilà des contradictions d'autant plus difficiles à expliquer, qu'elles se trouvent dans les expressions du même individu. C'est à nos lecteurs à juger lequel ils doivent croire, ou de M. Carnot lorsqu'il est lui-même, ou de M. Carnot métamorphosé en EXCELLENCE.

Suscitée par les intrigues de la famille prétendante et par l'or des Anglais, leur ligue (des puissances étrangères) formidable menace hautement notre indépendance; elle ne dissimule plus ses projets de démembrer l'Empire.

Monseigneur le ministre de l'intérieur n'est pas sincère, qu'il me soit permis de le dire : la ligue formidable qu'il dit menacer notre indépendance n'est point suscitée par les intrigues des Bourbons; elle l'est par le besoin qu'ont toutes les puissances de trouver dans le chef qui doit nous gouverner, une garantie que la mauvaise foi, la politique astucieuse et machiavélique de Bonaparte ne peuvent plus leur offrir; elle l'est par les vœux de la majeure partie des Français, qui ne soupirent qu'après l'instant où par des moyens quelconques, ils se verront délivrés du joug affreux sous lequel nous ont replacés depuis trois mois les baïonnettes de notre oppresseur. Il est encore faux de dire que cette ligue menace notre indépendance : Louis XVIII aurait plutôt renoncé à ses droits; il se fût plutôt rendu sourd aux cris de cette majeure partie du peuple français qui le rappelle; en un mot, il eût plutôt abdiqué pour lui et pour les siens, que de consentir à ce que les puissances étrangères fissent la guerre à Bonaparte, si avant de la faire elles ne se fussent toutes engagées à respecter et l'indépendance et l'intégrité de notre patrie.

§ Ier. Il est étonnant que, pour trouver des torts à l'auguste famille des Bourbons, on soit forcé d'en venir à lui reprocher les voyages divers qu'ont pu faire dans les provinces les princes de cette maison. On prétend que ces voyages *ont imposé aux caisses communales des charges énormes qui ne sont pas encore acquittées.* Mais nous serions bien curieux de savoir si l'on a acquitté toutes les charges imposées au trésor public pour subvenir aux frais de voyage de tant de commissaires extraordinaires envoyés dans les provinces par Bonaparte; de tant de généraux qu'on a fait voyager d'une extrémité de la France à l'autre; de tant de militaires qu'on a fait venir à Paris simplement pour y être passés en revue, et qu'on a ensuite été forcé de faire voyager en poste pour les rendre à leur destination; je voudrais bien savoir si l'on a indemnisé tant de malheureux propriétaires dont on a renversé les maisons, abattu les arbres, fourragé les campagnes, et sur les terres desquels on a construit des redoutes, des fortifications, etc, etc; je voudrais bien savoir si l'on a pourvu aux besoins de tant de vieillards, de tant de femmes et d'enfans dont les fils, les époux et les pères ont eté traînés dans les garnisons et dans les camps; je voudrais bien savoir si l'on a seulement offert un dédommagement à tant de particuliers dans Paris, chez lesquels on a, par la plus révoltante des injustices, placé comme à domicile, et pour être nourris, des officiers de tout grade, tant de la ligne que de la garde impériale.

Dans le § II du rapport fait aux deux chambres par S. E. le ministre de l'intérieur, on reproche aux Bourbons d'avoir menacé de faire perdre aux hôpitaux la majeure partie de leurs biens. Outre ce qu'il y a de perfide dans une telle inculpation, il ne sera pas hors de propos de rappeler la manière odieuse dont furent vidées, vers la fin de 1813 et au commencement de 1814, toutes les caisses des hospices : ne fit-on pas main basse sur tous les fonds qui s'y trouvèrent? Ceux même des dépôts de mendicité ne furent-ils pas gaspillés?

Dans le § IX. *S. M. oubliera*, y est-il dit, *que des plaintes lui ont été portées contre des ecclésiastiques, pour avoir manqué aux devoirs que la religion prescrit envers le souverain.*

Nous ne savons ni par qui, ni contre quels ecclésiastiques ces plaintes ont été portées. Si c'est contre les ecclésiastiques de l'île d'Elbe, c'est une affair qui ne doit pas regarder le gouvernement français; si c'est contre des ecclésiastiques français et vivant en France, ce n'était pas l'affaire de Napoléon Bonaparte qui, par son abdication de 1814, avait cessé d'être le souverain de la France, et n'avait aucun devoir à exiger de nos ecclésiastiques français, qui, sans manquer à la foi d'un serment dont ils avaient été doublement déliés (1), ont pu et ont même dû employer toute l'influence de leur ministère pour maintenir dans la fidélité au légitime souverain les habitans de leurs paroisses.

Dans le § XI, il est dit que *huit cent cinquante mille Français vont défendre l'indépendance de notre patrie..... La masse des gardes nationales... ajoutera dans les places fortes... de nouvelles forces pour le triomphe de la cause nationale.*

C'est-à-dire, que tout ce qui est homme en France est devenu soldat. La culture de nos champs, le maintien de nos fabriques et de nos manufactures, les besoins de nos familles, tout est mis en oubli pour satisfaire l'ambition d'un seul ; tout doit être sacrifié, non comme on le dit, à la cause de la nation, mais bien à la cause d'un perturbateur, d'un aventurier, d'un homme enfin que la France a si justement et si solennellement proscrit. Je défie qu'il se trouve un seul Français, vraiment ami de son pays, qui ne soit révolté de pareilles mesures.

§ XII. *Ce fut sur-tout dans les états-majors que le gouvernement des Bourbons porta le plus grand désordre.*

Il n'y a pas de réponse à faire à qui ne veut pas en entendre ; S. E. monseigneur le comte Carnot a pris à tâche de dénigrer le gouvernement des Bourbons ;

il faut bien qu'à défaut de reproches fondés , il emploie, pour venir à son but, le mensonge et la perfidie. Nous le demandons à tout homme impartial, le Roi pouvait-il, devait-il ne laisser dans les états-majors que les officiers qui s'y trouvaient sous Bonaparte ? Aurait-il été prudent à lui de ne s'en rapporter, pour l'administration militaire, qu'à des hommes que leur aveugle attachement pour Bonaparte devait rendre suspects sous tous les rapports ? *Plus de cinq cents généraux inconnus à l'armée étaient nommés parmi les officiers de l'émigration.* Mais certes, nous ne voyons rien en cela de plus extraordinaire que dans les diverses nominations qu'a faites à son tour Bonaparte depuis son arrivée à Paris. Un Labédoyère était-il connu parmi nos généraux avant d'avoir trahi et sa patrie et la confiance de son souverain ? Un Grouchy était-il connu parmi nos maréchaux de France, aussi-bien qu'un Bertrand (que j'estime d'ailleurs) et autres , avant le retour de Napoléon ? Si je n'en cite pas cinq cents, comme monseigneur Carnot, c'est qu'il y en a peut-être plus encore.

§ XIV. *Quoique les ennemis eussent enlevé l'artillerie qu'ils avaient trouvée à la Fère, à Avesnes, à Béfort et autres petites places dans lesquelles ils étaient entrés sans coup férir, il existait encore de grandes ressources, si le systéme d'inertie suivi par le gouvernement royal n'eût empéché d'en tirer parti.*

Il est naturel que des brouillons, des guerroyeurs qui n'aiment que le désordre et le pillage, taxent d'inertie le gouvernement paisible des Bourbons ;

mais, nous le demandons à nos lecteurs, lequel vaut mieux pour les peuples, lequel vaut mieux pour l'humanité, ou d'un gouvernement ami de la paix, de l'ordre et de la tranquillité; ou d'un gouvernement sans cesse en guerre, tantôt avec un peuple, tantôt avec un autre, d'un gouvernement qui ne connaît d'autres moyens d'employer les ressources de l'état, qu'en faisant sans cesse des préparatifs de guerre, toujours nouveaux, toujours effrayans, et, par-dessus tout, toujours très-onéreux?

§ XV. *On connaît le traité du 23 avril 1814 approuvé par le comte d'Artois.... 12,600 bouches à feu dont 11,300 en bronze, abandonnées sans réclamation, consommèrent une perte de plus de 200 millions.*

Nous pouvons assurer très-pertinement qu'il est faux et de toute fausseté que ces 12,600 bouches à feu aient été abandonnées *sans réclamation*; elles ont été abandonnées, parce qu'il ne fut pas possible d'obtenir meilleure composition, et que, comme nous-l'avons dit sur l'article du 23 mai, entre la paix dont la France avait un si grand besoin et le sacrifice qu'on lui demandait, le choix ne devait pas être douteux.

§ XVII. Le défaut de documens irrécusables pour une cause comme pour l'autre, ne nous permet pas de nier, ni d'affirmer rien concernant l'article des dépenses de la guerre, qui font le sujet de ce paragraphe.

§ XIX. *Les Bourbons, qui n'avaient point balancé à livrer nos places, hésitèrent moins encore à livrer*

31 *vaisseaux et* 12 *frégates qui furent cédés à l'An-*
gleterre.

Il est impossible à l'homme le plus impartial de
ne pas s'indigner en voyant tant de perfidie, tant
de mauvaise foi et tant d'hypocrisie dans le rapport
fait aux deux chambres, le 13 juin 1814, par le
ministre de l'intérieur. Pourquoi, je vous prie,
M. Carnot, avez-vous toujours la mauvaise foi d'accuser les Bourbons d'avoir livré nos places ? Ne
savez-vous pas aussi bien que nous que c'est Bonaparte lui-même qui est la première, la principale et
l'unique cause de tous nos malheurs et de toutes
nos pertes ? Ne savez-vous pas, aussi bien que nous,
que les Bourbons n'ont livré que ce que Bonaparte
n'avait pas su conserver ? Ne savez-vous pas, aussi
bien que nous, que, loin de laisser démembrer la
France de 1792, comme Bonaparte y avait consenti
en laissant aux étrangers la liberté de remplir,
comme ils l'auraient voulu, la feuille qu'il avait
eu la lâcheté de signer en blanc, les Bourbons, au
contraire, ont obtenu un agrandissement raison-
nable ? Vous reprochez encore aux Bourbons d'avoir
abandonné 31 *vaisseaux et* 12 *frégates.* Mais observez
donc que ce sacrifice était une suite nécessaire du
resserrement de nos limites. Vous avancez qu'en
mars 1814, *la marine de France comptait* 102 *vaisseaux*
de ligne et 53 *frégates ;* mais pourquoi ne dites-vous
pas que dans ce calcul étaient compris et les vaisseaux que nous avions en Hollande, et ceux que
nous avions à Hambourg, et ceux que nous avions

(78)

à Gênes, et ceux que nous avions dans divers autres
ports qui n'étaient plus à nous ?

§ XX. Nous ne voulons rien préjuger sur la
manière dont *la situation de l'empire, sous le rapport
des finances, sera présentée, dans tous ses détails,
par le ministre de ce département.*

Néanmoins on ne nous fera pas un crime de
craindre qu'on ne soit peut-être aussi peu franc et
aussi peu véridique dans l'exposé que doit faire de
la situation de son département le ministre des
finances, qu'on l'a toujours été sous Napoléon, qui,
depuis plusieurs années, en a toujours imposé sous
ce rapport à MM. les membres du corps législatif.

§ XXII. *Au milieu des acclamations touchantes
qui l'accueillirent à son retour, S. M. s'était flattée
qu'un tel peuple pouvait, pour ainsi dire, être livré à
lui-même, et qu'il n'avait besoin d'aucune police ; elle
s'empressa de proclamer la liberté de la presse.*

Si S. E. le ministre de l'intérieur ne met pas de
la flatterie pour Napoléon dans cet article, on ne
peut se dissimuler qu'au moins il n'ait mis de l'exa-
gération dans le mérite qu'il lui attribue touchant
la liberté de la presse. Car il est de fait que, si
Napoléon a proclamé la liberté de la presse, c'a été
bien plus pour flagorner le peuple et l'abuser encore, que, pour payer ce même peuple, d'une affection à laquelle Bonaparte sait bien qu'il n'a ni
droit ni part. Tout le monde sait bien que les
acclamations qui accueillirent l'usurpateur lors de
son retour ne furent que les acclamations de la plus

vile populace , d'une classe par conséquent qui n'est, ni ne sera jamais en état d'apprécier le bienfait prétendu de la liberté de la presse. Le décret de Bonaparte, qui proclame la liberté de la presse, est autant pour gagner du monde à son parti, que l'est pour faire sa cour aux Anglais, celui qui proclame l'abolition de la traite des noirs.

Journal du 17 juin.

Rapport adressé par le ministre des relations extérieures à l'empereur.

Ce rapport, vrai chef-d'œuvre d'iniquité, de perfidie et de fausseté ; vrai tissu de mensonges et de duplicités, est bien digne en tout et de celui à qui il s'adresse et de celui qui en est l'auteur. L'homme universellement proscrit, celui contre qui toutes les puissances de l'Europe viennent de crier solennellement : *Anathême!* celui, en un mot, avec qui elles ont unanimement refusé de traiter, et auquel elles se seraient crues déshonorées de répondre, pouvait seul applaudir aux pensées que lui offrait, dans son rapport, un ministre dont les fonctions ne furent pas toujours celles d'un diplomate, mais bien parfois celles d'un sbire dévoué, toujours prêt à méconnaître même les lois les plus saintes pour servir l'ambition , la cruauté et la scélératesse de son maître. Loin de nous la pensée de rappeler à nos lecteurs des souvenirs odieux et pénibles ; mais qui ne sentira sur-le-champ que celui qui peut ainsi confondre tous les principes et méconnaitre tous les droits, met en jeu pour son propre compte des intérêts d'autant plus forts, qu'il ne supporte qu'avec peine l'idée de vivre sous des princes dans le sang desquels il sait avoir trempé ses mains ? Qui ne sentira sur-le-champ qu'affranchi de toute reconnaissance envers les Bourbons par l'odieuse réintrusion de Bonaparte, les vieux forfaits ont dû servir de nouvelle règle au ministre de cet usurpateur ?

Le desir de se soustraire à un gouvernement dont on sent bien qu'on ne peut tenir la vie qu'à titre de pardon, porte facilement à user de tous les moyens possibles pour maintenir la puissance entre les mains d'un tyran dont on se rappelle, peut-être avec complaisance encore, d'avoir été ou le complice ou le satellite.

Mais que M. Caulincourt ne s'y trompe pas, ni Bonaparte non plus ; si *les calamités des peuples doivent prouver au monde la prétendue infaillibilité des souverains ligués contre Bonaparte et ses adhérens*, la nouvelle qu'on nous donne, au moment où j'écris, de l'affreuse bataille de Mont-Saint-Jean, et l'horrible défaite de l'armée française sous les ordres d'un chef déserteur pour la quatrième fois de son armée, prouvent d'une manière bien funeste pour la France combien il est malheureux, pour cette nation, de n'avoir pu empêcher, il y a trois mois, l'exécrable meurtrier de six millions d'hommes de se mettre à la tête de son gouvernement ! Elle prouve, d'une manière bien terrible et pour nos soldats et pour nos généraux, combien fut grand

l'aveuglement de ceux qui ramenèrent, accueillirent et installèrent au milieu de nous, avec tant
d'enthousiasme, l'homme odieux qui, après nous
avoir à peine laissé pendant onze mois nous remettre
du mal qu'il nous avait fait pendant douze ans, n'a
reparu parmi nous que pour nous replonger plus
que jamais dans l'abyme du malheur, et dans toutes
les horreurs d'une guerre civile et étrangère.

*Si la cour de Londres n'avait en vue que l'indépen-
dance des peuples*, dit M. Caulincourt à son maître ;
*de quel droit cette cour viendrait-elle se placer entre
le peuple français et son souverain ?*

Et de quel droit, vous, monsieur Caulincourt,
venez-vous dire à Bonaparte qu'il est le souverain
du peuple français ? qui vous a permis de l'appeler
notre souverain ? Votre vœu et celui peut-être de
quelques autres vils esclaves, ministres, comme vous,
des volontés homicides de cet homme affreux ; suffit-il pour le placer encore une fois avec une légitimité apparente sur le trône des Français ? ou bien
suffit-il qu'échappé du lieu de son exil, cet homme
audacieux et entreprenant soit parvenu avec le
secours d'une troupe de soldats parjures à se ras-
seoir sur le trône des Bourbons, pour mériter le
titre de souverain des Français ?

Le gouvernement britannique, *en présentant à la
France la personne de Bonaparte comme séparée de
la cause du peuple français*, n'a présenté que le véritable état des choses ; et la distinction établie entre
la nation française et son oppresseur, n'est point,
comme il vous plaît de le dire, *une distinction arti-*

ficieuse. Elle n'aurait tout au plus besoin que d'être expliquée avec un peu plus de développement ; c'est-à-dire, qu'en séparant la cause de la nation française de la personne de Bonaparte, les puissances de l'Europe auraient dû dire qu'à la cause de Bonaparte et à son sort futur, se rattacheraient la cause et le sort futur de tous ceux qui l'ont ouvertement secondé dans sa dernière usurpation ; et alors peut-être n'eussiez-vous pas commis l'imprudence de manifester vos desirs insensés , et de compromettre envers un roi dont la bonté, à votre égard, fut extrême , une existence, ou tout au moins une liberté, qu'il ne pourra vous laisser qu'en oubliant encore une fois qu'un roi doit être juste avant d'être trop bon.

Il est étonnant que dans la revue qu'il fait des principales puissances de l'Europe , M. de Caulincourt nous représente l'Angleterre , la Russie , la Prusse et l'Autriche , comme faisant cause commune entre elles contre la France , tandis que leurs déclarations portent textuellement qu'elles n'en veulent point à la France , mais seulement à l'usurpateur du trône des Français , tandis qu'il est notoire qu'elles font la guerre à Bonaparte et à ses partisans , non comme ennemis de la France , mais comme auxiliaires et alliées du souverain légitime des Français. M. Caulincourt n'ignore pas la convention qui a lieu entre Louis XVIII et chacune de ces puissances ; il sait bien qu'avant d'accepter des secours étrangers , Louis XVIII exigea l'assurance positive que le dernier traité de Paris , (que Bonaparte serait encore fort aise d'accepter si on voulait lui faire la grace de le reconnaître), serait maintenu, et que l'indépendance du peuple Français et l'intégrité de son territoire seraient respectées ; il le sait bien, mais il n'a garde d'en parler. Mieux vaut pour flatter le tyran, et pour son intérêt personnel, supposer aux principales puissances de l'Europe des intentions cachées, des projets ultérieurs ; mieux vaut alarmer le peuple français sur son sort à venir ; mieux vaut monter les esprits, les tromper, exaspérer les têtes, et par-là fomenter des troubles, exciter la guerre civile, et rendre, sinon desirable, la perte du gouvernement royal, au moins terrible et funeste son rétablissement.

Telles sont les vues que nous avons aperçues dans le rapport fait par M. Caulincourt à Bonaparte, rapport inséré dans le *Journal de l'Empire* du 17 juin, veille du jour où se sont évanouis pour jamais et les extravagans projets de Bonaparte, et les folles espérances de ses aveugles partisans. Nous ne pousserons pas plus loin nos observations sur le *Journal de l'Empire*, dont la rédaction, vraisemblablement, cessera d'être confiée à des employés de la police, ou à la coupable clique des flatteurs du tyran. Déjà l'on nous annonce sa réabdication, puisse-t-il cette fois, ne pas conserver encore quelque arrière pensée, et une fois pour toutes cesser de nous tromper et de nous bouleverser !

NOTES.

(1) *Page* 11. Excepté avec son digne beau-frère, l'expérience nous prouve bien qu'il n'était d'accord avec aucun prince de l'Europe, et que sa prétendue trève de vingt ans, avec les puissances étrangères n'était encore qu'un de ces leurres hypocrites à l'aide desquels ce perfide n'a cessé de nous tromper.

(1) *Page* 29. Lorsque j'écrivais ceci, je ne croyais pas que Bonaparte fût si près d'abdiquer pour la seconde fois.

(1) *Page* 74. Par l'acte du sénat qui a prononcé la déchéance de Napoléon Bonaparte et de toute sa famille, et par l'abdication pure et simple du souverain postiche.